Nützliches Kräuterbüchlein

REGIONALIA

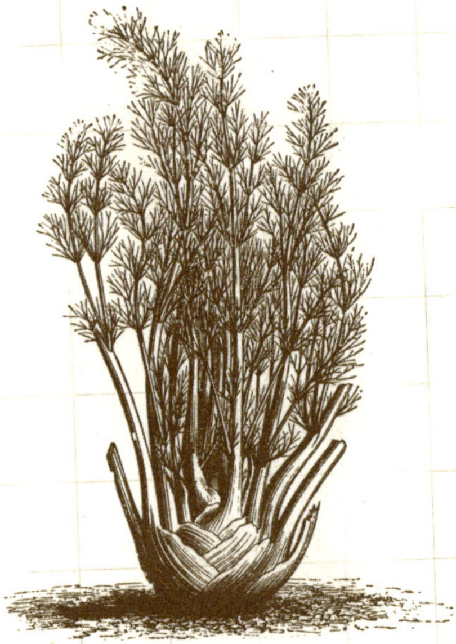

Nützliches Kräuterbüchlein

REGIONALIA

Dieses Buch wurde nach dem aktuellen Wissensstand sorgfältig erarbeitet. Dennoch erfolgen alle Angaben ohne Gewähr. Der Verlag haftet nicht für eventuelle gesundheitliche Nachteile oder Schäden, die aus der Umsetzung der im Buch angegebenen praktischen Hinweise resultieren. Die enthaltenen Ratschläge zur Heilung oder Linderung von Krankheiten ersetzen nicht die Untersuchung und Betreuung durch einen Arzt. Vor Durchführung einer Selbstbehandlung sollte stets ein Arzt konsultiert werden, insbesondere wenn sie an gesundheitlichen Beschwerden leiden, regelmäßig Medikamente einnehmen oder schwanger sind.

8. Auflage

Printed in Poland 2015

ISBN 978-3-939722-50-2

www.regionalia-verlag.de

Inhalt

Vorwort

Wir alle kennen zahlreiche Kräuter zum Würzen von Fisch-, Fleisch- und Gemüsegerichten. Ein Salat ohne frische Kräuter schmeckt fade und ist mit Petersilie, Schnittlauch oder anderen Kräutern ein Gaumenschmaus. In jedem Lebensmittelgeschäft erhalten wir Kräuter in verschiedensten Formen, in kleinen Töpfchen oder bereits zu kleinen Mengen geschnitten. Diese Kräuter müssen relativ schnell aufgebraucht bzw. verarbeitet werden, weil ihre Haltbarkeit begrenzt ist. Ungleich länger halten sich Kräuter, die Sie in Ihrem Garten oder auf dem Balkon selber pflanzen.

Das Aufziehen von „selbst angebauten" Pflanzen macht Spaß und ist nicht allzu arbeitsintensiv. Einige Grundkenntnisse für den Eigenanbau sind zwar notwendig, denn nicht jedes Kraut kann direkte Sonnenbestrahlung oder ein zu schattiges Plätzchen vertragen, aber grundsätzlich sind die meisten Kräuter recht robust und einfach zu pflegen.

Aber nicht allein zum Kochen eignen sich Kräuter, auch zu Heilzwecken sind sie vielseitig einsetzbar. Kräuter dienen der Entspannung und helfen bei zahlreichen kleineren Beschwerden. So helfen Anis und Kümmel zum Beispiel zur besseren Verdauung, Kamille bei Erkältungskrankheiten oder Liebstöckel bei Verdauungsstörungen. Wussten Sie schon, dass Löwenzahntee stark entwässernd wirkt und bei Leber- und Gallenleiden hilft?

Doch auch zur Entspannung für Körper und Seele können Kräuter beitragen.

In dem Kapitel „Ausgesuchte Kräuter zur Entspannung und für ein schönes Zuhause" stellen wir Ihnen einige Kräuter vor, die Ihnen zu einer kleinen Erholungspause vom täglichen Stress verhelfen können. Nehmen Sie sich die Zeit, Ihr eigenes Beauty-Programm zusammenzustellen – es benötigt wenig Zeit und Arbeit. Mit einfachen Handgriffen und wenig Zutaten können Sie mit Kräutern zum Beispiel ein Mittel gegen Pickel oder für weiße Zähne selbst herstellen.

Auch zum Dekorieren mit Kräutern sind in diesem Buch einige Vorschläge enthalten. Probieren Sie einfach einmal aus, wie ein mit Kräutern gedeckter Tisch auf Ihre Gäste wirkt. Die meist grüne Farbe der Pflanzen sieht frisch aus und weckt den Appetit. Aber auch sonst lassen sich mit Kräutern sehr schöne Dekorationen herstellen, lassen Sie Ihrer Kreativität einfach freien Lauf.

Wir wünschen Ihnen viel Spaß beim Lesen des Kräuter-ABC, beim Nachkochen der Gerichte, beim Entspannen und Dekorieren mit Kräutern.

Eine kleine Einführung

Das Sammeln der Kräuter in der freien Natur

Wenn Sie Ihre Kräuter selbst sammeln möchten, also weder einkaufen noch selbst aufziehen, dann tun Sie sich durch den Aufenthalt an der frischen Luft bereits etwas Gutes. Denn schon die Bewegung in Feld und Wald fördert Ihre Gesundheit und hält Ihren Körper fit.

Für das Sammeln von Kräutern in der freien Natur ist eine gewisse Grundkenntnis erforderlich. Dieses Grundwissen können Sie durch die Darstellung und Beschreibung der einzelnen Pflanzen in diesem Buch erhalten.

Achten Sie darauf, dass die Pflanzen abseits von verkehrsreichen Straßen, chemisch gedüngten Feldern und Autobahnen wachsen und somit wenig verunreinigt oder belastet sind.

Sammeln Sie nur gesunde Pflanzen, die frei von Ungeziefer sind. Manche Pflanzen stehen unter Naturschutz und dürfen unter keinen Umständen gepflückt werden.
Da es auch zu Verwechslungen mit giftigen Pflanzen kommen kann, sollten Sie beim geringsten Zweifel auf das Sammeln verzichten.
Auch sollten Sie der Natur mit Vorsicht und Achtung begegnen, da das oberste Gebot deren Schutz ist. Ernten Sie deshalb nie einen Bestand vollständig ab, bei seltenen Heilpflanzen verzichten Sie ganz auf das Sammeln. Schneiden Sie die Pflanzen etwa eine Handbreit vom Boden ab, ernten Sie nicht mehr, als Sie verbrauchen. Das gilt natürlich auch für die Kräuter, die Sie in Ihrem Garten oder auf Ihrem Balkon selbst ziehen. Das Sammeln sollte ausschließlich bei schönem, trockenem Wetter erfolgen, denn die Kräuter müssen trocken sein. Blüten und Blätter dürfen nicht gedrückt werden. Sammeln Sie die Pflanzen nicht in einer Plastiktüte, denn die Kräuter könnten darin schwitzen und würden später beim Trockenvorgang schwarz werden.

• Das Trocknen

Das Trocknen der Kräuter erfordert besondere Sorgfalt, damit sie keinen Schaden nehmen. Vermeiden Sie möglichst das Trocknen in geheizten Räumen und setzten sie die Pflanzen nicht direkter Sonnenbestrahlung aus, da sonst ein Teil der flüchtigen Substanzen und Aromen der Pflanzen verloren gehen können.

Breiten Sie die Pflanzen in einem dunklen, gut belüfteten Raum (jede Pflanzenart für sich) auf sauberen Papierlagen (keine Zeitungen) großzügig aus. Achten Sie darauf, dass die Kräuter nicht übereinander liegen. Stark riechende Pflanzen sollten wegen der Geruchs- und Aromaübertragung möglichst nicht mit anderen in einem Raum getrocknet werden. Die Pflanzen sollten hin und wieder gewendet werden.
Wurzeln müssen vor dem Trockenvorgang gründlich gereinigt und zerkleinert werden, da sich das Trocknen sonst zu sehr verzögert.
Die Trocknung ist beendet, wenn das Trockengut „spröde" ist und sich nicht mehr biegen lässt.
Nach dem Trocknen die Kräuter nochmals durchsehen und die schlechten und minderwertigen Teile aussortieren. Das restliche Material zerkleinern, in verschließbare Gläser füllen und entsprechend mit Namen und Erntejahr etikettieren, damit Verwechslungen ausgeschlossen werden können.

• Das sachgemäße Aufbewahren

Die Bedingung für eine sachgemäße Aufbewahrung ist, dass die Kräuter vollkommen trocken sind. Durch vorhandene Feuchtigkeit können unerwünschte Gärungsvorgänge entstehen, die Kräuter können dadurch faulen und werden unbrauchbar.
Die Gläser sollten Sie gut verschlossen aufbewahren und vor Staub und Sonnenbestrahlung schützen.
Durch Lichteinwirkung können die Inhaltsstoffe der Kräuter verändert werden und somit verlieren sie an Aroma und an Heilwirkung. Ferner verlieren die Kräuter bei zu langer Aufbewahrung ihre Wirksamkeit, weshalb es wenig Sinn macht, große Vorräte anzulegen.

Auf den folgenden Seiten beschreiben wir Ihnen einige Kräuter, deren Verwendung in der Küche und die jeweilige Heilkraft für Ihre Gesundheit. Viele dieser Kräuter verfeinern nicht nur das Essen, sondern wirken auch auf den Organismus.

Die nützlichsten Kräuter

Aloe

Aloe vera

auch bekannt als Aloe vera, wird oft Wüstenlilie genannt

Pflanzenbeschreibung

Zumeist hat die Pflanze nur einen kurzen Stamm, der sich aus den Resten von alten Blättern entwickelt. Aloe wächst mit bis zu 20 Blättern rosettenartig direkt aus dem Boden. Die dicken, fleischigen bis zu 6 cm breiten Blätter können eine Länge von bis zu 50 cm erreichen. Am Außenrand sind diese Blätter mit kleinen etwa 2 mm langen Zähnen versehen. Der Blütenstand kann bis zu 1 m hoch werden. Die gelben Blüten sitzen in Trauben.

Blütezeit

In Zimmerkultur nur unter optimalen Bedingungen von Frühjahr bis Sommer

Vorkommen

Es ist anzunehmen, dass Aloe aus dem Sudan und der arabischen Halbinsel stammt. Heute findet man die Pflanze im

Sammelgut/ -zeit

Das Sammelgut der kultivierten Aloe ist das Gel, das sich in den Blättern befindet. Die optimale Erntezeit richtet sich nach der Größe der Pflanze. Die Aloe sollte mindestens 12 Blätter haben, bevor Sie anfangen, Blätter abzuschneiden. Am besten schneidet man immer nur eines der unteren Blätter ab (dies ist ganzjährig möglich) und verwendet sie ganz frisch.

gesamten südlichen Mittelmeerraum, in Asien, Nordafrika und im Nahen Osten. Aloe ist als Zier- und Heilpflanze in unseren Breitengraden kultiviert und Sie können die Pflanze sehr gut zu Hause im Topf anbauen.

Genuss und Nutzen

Die pflegenden und Feuchtigkeit spendenden Wirkstoffe von Aloe vera haben eine besonders regenerierende Wirkung auf unsere Haut. Das Gel wirkt wie ein Feuchtigkeitsspender und hat dazu noch eine heilende Komponente bei Verletzungen durch Stürze oder Verbrennungen. Aloe enthält verschiedene Fettsäuren und Polysaccharide (Mehrfachzucker). Diese wirken ausgesprochen entzündungshemmend.

Zur Behandlung von Wunden schneiden Sie das abgetrennte Blatt auf und tragen die Schnittstelle direkt auf die zu behandelnden Hautstellen auf. Das Blatt kann auch mit einem scharfen Messer filetiert werden. Dazu schneiden Sie die ledrige Außenhaut des Blattes großzügig ab und legen das reine Gel auf die verletzte Hautpartie. Das kühlende Gel wirkt auch gut bei einem Sonnenbrand oder leichtem Juckreiz (Insektenstiche, Schuppenflechte).

Zur innerlichen Anwendung eignet sich das Gel der Aloe vor allem bei Sodbrennen und bei Reizdarm. Dazu kann man das Gel vorsichtig mit einem Messer herauslösen. Das herausgelöste Gel können Sie einfach essen oder z.B. in Jogurt verrühren.

Eine weitere Möglichkeit bietet die Zubereitung von Tee. Hierzu bringen Sie ein halbes Blatt Aloe mit zwei Tassen kaltem Wasser zum Kochen und lassen es anschließend etwa fünf Minuten leicht köcheln. Den Tee durch ein Sieb gießen und mit etwas Honig würzen. Bei Bedarf (wie oben erwähnt) täglich 1–2 Tassen Tee trinken.

Anis

Pimpinella anisum

auch bekannt als Runder oder Süßer Fenchel

Pflanzenbeschreibung

Der starke Stängel der bis zu 50 cm hohen Pflanze ist gerillt und ästig. Die Blätter im unteren Teil sind rundlich und am Rand eingeschnitten, im mittleren und oberen Teil sind die Blätter gefiedert bzw. lanzettenförmig. Die Blütenstängel enden in großen, weißen Doppeldolden.

Vorkommen

Ursprünglich aus dem Mittelmeerraum kommend, wird Anis bei uns in Gärten angebaut.

Blütezeit
Juni bis August

Sammelgut/-zeit
Blüten / Juni bis August

Genuss und Nutzen

Wird als Gewürz und Heilmittel (bei Husten, Verdauungsstörungen, Darmkoliken, Blähungen) verwendet.

In der heutigen Küche wird Anis vor allem in Brot und Backwaren, besonders zur Weihnachtszeit, verarbeitet. Die wohlschmeckenden Anisbonbons sind im Fachhandel erhältlich. Anis ist süßlich, würzig und wird nicht nur für Süßspeisen, sondern auch für Suppen und Brot verwendet.
Häufig wird Anis jedoch Spirituosen und Likören beigemischt, wie etwa Sambuca, Rakı, Ouzo und Pastis.

In der Naturheilkunde wird Anis hauptsächlich als Tee angewendet.
Die getrockneten Früchte erst kurz vor der Teezubereitung zerstoßen und etwa 1,5 g mit 150 ml kochendem Wasser übergießen. Den Tee 10–15 Minuten ziehen lassen und durch ein Teesieb in eine Kanne gießen.
Bei Atemwegsbeschwerden morgens und abends jeweils eine Tasse frisch zubereiteten Tee trinken.
Bei Verdauungsbeschwerden mehrmals täglich einen Esslöffel Tee trinken.

Achtung!
Die Pflanze steht unter Naturschutz und darf nicht gepflückt werden!

Vorsicht!
Anis kann bei Überempfindlichkeit zu allergischen Reaktionen der Haut und des Magen-Darm-Traktes führen.

Arnika

Arnica montana

auch bekannt als Wohlverleih, Fallkraut und Engelkraut

Pflanzenbeschreibung

Die Pflanze besitzt einen ausdauernden Wurzelstock. Die einfachen oder wenig verzweigten Stängel stehen aufrecht mit einer Höhe von bis zu 50 cm und enden in einer etwa 3–5 cm langen, intensiv gelb leuchtenden Blüte. Ihre fünfnervigen Blätter sind zungenförmig.

Vorkommen

Die Pflanze ist in ganz Europa – an Berghängen, Heideregionen, ausgetrockneten Mooren – zu Hause

Genuss und Nutzen

Der feine Kieselsäuregehalt der Pflanze regt die natürlichen Selbstheilungskräfte unserer Haut an und wirkt positiv auf das Gewebe und den Bewegungsapparat.

Stumpfe Verletzungen, Prellungen, oberflächliche Venenentzündungen, Muskelzerrungen, entzündliche Insektenstiche lassen sich besonders gut mit Umschlägen behandeln.
Hierfür etwa 2 g oder zwei Teelöffel Blüten mit 500 ml siedendem Wasser übergießen und 15 Minuten ziehen lassen. Den Sud durchsieben, die Flüssigkeit auffangen und abkühlen lassen. Mullstoff in den Aufguss tränken und auf die betroffenen Verletzungen legen. Diese Behandlung etwa alle zwei Stunden wiederholen.

Bei Entzündungen im Mund- und Rachenraum empfehlen sich Mundspülungen. Dazu wie oben beschrieben vorgehen, den Aufguss jedoch 10fach verdünnen. Mehrmals täglich in kleinen Mengen gurgeln. Danach die Flüssigkeit ausspucken – nicht schlucken!

Blütezeit

Juni bis August

Sammelgut/-zeit

Blüten / Juni bis August

Achtung!!
Die Pflanze steht unter Naturschutz und darf nicht gepflückt werden!
Nur im Fachhandel erhältlich.

Artischocke

Cynara scolymus

wird als
Erdschocke
bezeichnet

Pflanzenbeschreibung

Die distelartige bis zu 1,5 m hohe Pflanze hat dicke, verzweigte Stängel. Sie besitzt im unteren Teil große, ungeteilte und im oberen Teil fiederspaltige Blätter. Die Stängel enden in großen Blütenköpfen mit fleischigem Boden. Ihre Hüllschuppen sind derb und am Grund ebenfalls fleischig. Die Blüte ist hellpurpurn und röhrig.

Vorkommen

Wild wachsend ist die Pflanze im Mittelmeerraum beheimatet. Bei uns ist sie nur als Kulturpflanze bekannt.

Genuss und Nutzen

Die Artischocke ist in eine wahre Gaumenfreude. Die Zubereitung des frischen Gemüses ist einfach, bevorzugt wird vor allem das Artischockenherz.

Das Herz der Artischocke ist auch als Konserve erhältlich und fehlt auf keinem gemischten italienischen Salat.

Als Heilmittel hilft die Artischocke besonders gegen Verdauungsbeschwerden, mangelnde Gallensekretion, Blähungen, Völlegefühl und dient zur Senkung des Cholesterinspiegels.

Blütezeit
Juli

Sammelgut/ -zeit
Blätter und Blütenboden / Juni bis Oktober

Baldrian

Valeriana officinalis

auch bekannt als
Balderbacken,
Katzenkraut,
Katzenwurzel,
Stinkwurz

Pflanzenbeschreibung

Die ausdauernde Pflanze hat einen kurzen Wurzelstock mit Ausläufern. Sie erreicht eine Höhe von bis zu 150 cm mit aufrecht stehenden, im oberen Bereich verzweigten, hohlen Stängeln. Diese tragen hellrosa bis weiß gefärbte, in rispigen Trugdolden angeordnete zahlreiche Blüten. Ihre Krone ist etwa 3–6 mm lang. Die frischen Blüten besitzen einen angenehmen Duft, erst beim Trocknen entsteht der typische Baldriangeruch. Gefiederte Blätter stehen gegenseitig und sind von lanzettartiger, verschieden gezahnter Form.

Vorkommen

Europa und Asien – Hochstaudenfluren, Wiesen, Gräben, Ufern und an trockenen Abhängen

Genuss und Nutzen

Bereits im Altertum war die Heilwirkung von Baldrian bekannt und er wurde wegen seines speziellen Geruchs auch zur Zauberabwehr genutzt. Gerade in unserer heutigen Zeit, die geprägt wird durch Stresszustände, Unruhe und Schlafstörungen, ist die Wirksamkeit des Baldrians gefragter denn je. Pflanzen Sie Baldrian in Ihren Garten. Denn nicht alleine durch seine Heilwirkung und seine Zierde, sondern auch durch die Fähigkeit des Baldrians, den Boden zu durchlüften und Regenwürmer anzuziehen, fördert er im Garten das Wachstum von Gemüse und anderer Pflanzen.

Ein Teelöffel der getrockneten und zerkleinerten Wurzel mit einer Tasse kochendem Wasser übergießen und etwa 10 Minuten ziehen lassen. Den Tee durchseihen. Täglich drei Tassen über den Tag verteilt trinken.

Auszug:
Zwei Teelöffel getrocknete und zerkleinerte Wurzeln mit 125 ml kaltem Wasser ansetzen und über Nacht ziehen lassen. Den Sud durchseihen und zwei- bis dreimal täglich jeweils eine Tasse erwärmt trinken.

Blütezeit
Mai bis September

Sammelgut/-zeit
Wurzel / September bis Oktober

Bärlauch

Allium ursinum

auch bekannt als
Hexenzwiebel,
Ramsel,
Waldknoblauch,
Wilder
Knoblauch

Pflanzenbeschreibung

Die bis zu 40 cm hoch wachsende Pflanze hat im Wesentlichen die Eigenschaften des Knoblauchs und ist meist in großen Beständen zu finden. Die unverzweigten Stängel stehen aufrecht und enden in Trugdolden auf denen weiße, sternenförmige Blüten sitzen. Seine Blütenkugel ist stark duftend (Knoblauch). Grundständige Blätter werden bis zu 20 cm lang. In ihrer Form sind sie breit lanzettlich, spitz und gestielt. Die Frucht besteht aus einer dreilappigen Kapsel.

Vorkommen

Europa und Nordasien – an feuchten Wäldern, Hecken, Auen und Bächen

Genuss und Nutzen

Bärlauch ist eine seit dem Mittelalter bekannte Gemüse- und Heilmittelpflanze. Ihm wurden in dieser Zeit Zauber abwehrende Kräfte zugesprochen. Als Gewürzpflanze erfreut sich der Bärlauch in unseren heutigen Küchen immer größerer Beliebtheit. Seine besondere Würze schmeckt sehr gut in Dips, Salaten und in Frischkäse.
Probieren Sie Bärlauch einfach einmal auf einem Butterbrot – schmeckt sehr lecker.

Die Heilwirkung von Bärlauch hilft bei Arteriosklerose, Bluthochdruck und Magen-Darm-Störungen. Außerdem ist Bärlauch appetitanregend.
Aber Achtung! Verwenden Sie die Blätter nur frisch – nicht trocknen, denn dann verlieren sie ihre Heilkraft.

Blütezeit
April bis Juni

Sammelgut/ -zeit
Blätter / April bis Mai

**Vorsicht!
Leicht zu verwechseln mit dem giftigen Maiglöckchen.**

Basilikum

Ocimum basilicum

auch bekannt als
Basilge,
Basilienkraut,
Hirnkraut,
Königskraut,
Königsbalsam,
Nelkenbasilie

Pflanzenbeschreibung

Die einjährige, hochstehende, buschig wachsende Pflanze kann eine Wuchshöhe von 20 bis 60 cm erreichen. Sie besitzt einfache, oval geformte Laubblätter, die mit einer Länge von bis zu 5 cm und einer Breite bis 3 cm kreuzgegenständig stehen. Ihr vielblütiger Blütenstand sitzt an einem 2,5 mm langen Blütenstiel. Die fünf Kelchblätter sind glockenförmig verwachsen und weisen die gleiche sattgrüne Farbe wie die Laubblätter auf.

Der Kelch ist während der Blütezeit 1,5 bis 3 mm lang und vergrößert sich bis zur Fruchtreife auf etwa 9 mm. Die Frucht ist 1,5 bis 2 mm lang und vom vergrößerten Kelch eingehüllt.

Vorkommen

Die natürlichen Verbreitungsgebiete sind Afrika und Asien, bei uns ist Basilikum kultiviert.

Genuss und Nutzen

Frisches Basilikum ist besonders in der italienischen Küche eines der meist verwendeten Kräuter. In Verbindung mit frischen Tomaten schmeckt Basilikum herrlich.
Auch das getrocknete Basilikum findet in vielen Rezepten Verwendung, allerdings ergeben sich beim Trocknen Verluste des Aromas.

Als Heilmittel enthält Basilikum neben ätherischen Ölen auch Gerbstoffe, die sowohl den Appetit als auch die Verdauung anregen.

Blütezeit

Juni bis September

Sammelgut/ -zeit

Kultiviert ist Basilikum fast ganzjährig erhältlich, jedoch unterscheiden sich die verschiedenen Kulturformen in Blattfarbe, Größe, Aroma und Wachstumsart.

Beifuß

Artemisia vulgaris

bekannt
als Besenkraut,
Fliegenkraut,
Gänsekraut,
Jungfernkraut,
Weiberkraut

Pflanzenbeschreibung

Die bis zu 1,5 m hohe Pflanze hat derbe, kantige, schwach behaarte, meist recht weit verzweigte Stängel. Ihre Blätter sind auf der oberen Seite dunkelgrün, auf der Unterseite weißfilzig behaart und können eine Länge von 10 cm erreichen. Die in Rispen angeordneten Blüten sind gelblich oder rotbraun.

Vorkommen

Europa, Asien, Nordamerika, fast weltweit – an Flussufern, Wegrändern und kultiviert

Genuss und Nutzen

In der Küche wird Beifuß zu fetten, schweren Fleischgerichten verwendet.

Die enthaltenen Bitterstoffe regen die Bildung von Magensaft und Gallenflüssigkeit an und unterstützen so die Verdauung. Beifuß hat darüber hinaus eine entspannende Wirkung. So dient ein Aufguss aus Beifußkraut gut als Fußbad und Beifußöl (Fachhandel) eignet sich hervorragend für Fußmassagen.

Nach altem Aberglauben soll die Pflanze, wenn sie um den Fuß gebunden wird, vor Müdigkeit schützen.

Blütezeit

Juli bis September

Sammelgut/-zeit

Kraut, Triebspitzen / Juli bis September

Benedikten-kraut *Cnicus benedictus*

auch bekannt als Benediktiner-kraut, Bitterdistel, Distelkraut, Spinndistel

Pflanzenbeschreibung

Die distelähnliche, krautige Pflanze kann eine Wuchshöhe von 60 cm erreichen. Das einjährige Benediktenkraut hat bis zu 30 cm lange Laubblätter, welche an ihrem Blattrand kleine Stacheln aufweisen.

Der 3–4 cm große Blütenstand ist körbchenförmig und enthält zahlreiche gelbe Röhrenblüten. Diese Röhrenblüten werden von vielen stacheligen Hüllblättern geschützt.

Vorkommen

Mitteleuropa

Genuss und Nutzen

Da das Benediktenkraut sehr bitter schmeckt, wird es meist als gesüßter Tee genossen und bei Verdauungsstörungen und bei Appetitlosigkeit angewendet.
Das Benediktenkraut enthält vor allem Bitterstoffe und ätherisches Öl, die die Speichel- und Magensaftsekretion fördern.

Ein Teelöffel getrocknetes Kraut mit 250 ml heißem Wasser übergießen (nicht kochen) und fünf Minuten ziehen lassen.
Benediktenkraut ist in einigen Teemischungen und Fertigarzneimitteln aus der Gruppe der Galle- und Lebermittel enthalten.

Blütezeit

von Juni bis August

Sammelgut/-zeit

Blätter / Juni und Juli

Vorsicht!
Keine Anwendung während der Schwangerschaft!

Berberitze

Berberis vulgaris

auch bekannt als
Sauerdorn,
Spitzbeere,
Essigdorn

Pflanzenbeschreibung

Starker, gerader, mit Dornen besetzter, bis 2 m hoher immergrüner Strauch mit hellgrüner bis hellgrauer Rinde. Seine gelben Blüten sitzen locker in bis zu 7 cm langen, hängenden Trauben. Die 2–6 cm langen Blätter sind kurzstielig, verkehrt eiförmig und gezähnt. Die reifen Beeren sind blutrot gefärbt und etwa 8–11 mm lang.

Vorkommen

Mitteleuropa, Kleinasien – bei uns in den Gärten als Hecken gepflanzt.

Vorsicht! In der Rinde sind Alkaloide enthalten, die Vergiftungserscheinungen auslösen können. Deshalb Vorsicht mit der Einnahme! Die Beeren sind ungiftig.

Genuss und Nutzen

Die Beeren sind reich an Vitamin C. Zu Mus, Saft oder Marmelade verarbeitet sind sie sehr geschmackvoll, wirken appetitanregend und helfen bei Verdauungsbeschwerden.

Als Heilmittel kann man die Berberitze als Tee verarbeiten. Dazu etwa 3 g Rinde mit 300 ml kaltem Wasser ansetzen. Langsam erhitzen und fünf Minuten kochen.
10 Minuten ziehen lassen und durchseihen. Zwei Tassen Tee in kleinen Schlucken über den Tag verteilt trinken.

Blütezeit

Mai bis Juni

Sammelgut/-zeit

Wurzelrinde:
Juni bis August
Beeren: September

Bibernelle

Pimpinella saxifraga

auch bekannt als Bockspetersilie, Pimpernell, Pimpinelle

Pflanzenbeschreibung

Bibernelle ist eine ausdauernde Pflanze mit einer lang schwammigen Wurzel, aus der sich ein runder, feinstieliger, 30–60 cm hoher, feingerillter Stängel erhebt. Die Wurzelblätter sind einfach gefiedert und die Stängelblätter sind schmal fiederspaltig. Die Blüten finden sich in 9- bis 12-strahligen Doppeldolden. Die Kronblätter sind weiß oder rosa und 1–1,5 cm lang. Die Frucht ist breiteiförmig und 2–2,5 cm lang.

Vorkommen

Fast in ganz Europa – an Trockenwiesen, Waldrändern, Heiden und Abhängen

Genuss und Nutzen

Die Blätter der jungen Bibernelle eignen sich sehr gut zum Würzen von Quark oder Kräuterbutter sowie zum Verfeinern von schmackhaften Soßen.

Zur Heilbehandlung hilft Bibernelle-Tee bei Erkrankungen der Atemwege, Husten, Hals- und Kehlkopfentzündungen und Heiserkeit. Hierfür ein Teelöffel der Bibernellewurzel mit einer Tasse kaltem Wasser zum Kochen bringen und drei Minuten kochen lassen. Danach durchseihen. Über den Tag verteilt drei Tassen frisch aufgebrühten, mit Honig gesüßten Tee trinken.

Blütezeit

Juli bis Oktober

Sammelgut/-zeit

Wurzel / Frühjahr und Herbst

Bohnenkraut

Satureja hortensis

auch bekannt als
Kölle,
Pfefferkraut

Pflanzenbeschreibung

Das einjährige Bohnenkraut ist eine ausdauernde, krautige Pflanze mit aufrechten Stängeln. Die mittelgrünen Blätter sind meist schmal lanzettlich, der Blattrand kann seichte Zähne aufweisen. Ihre meist weißen Blüten stehen in lockeren Teilblütenständen. Die Teilfrüchte sind eiförmig und leicht behaart.

Vorkommen

Ist im östlichen Mittelmeerraum heimisch, bei uns kultiviert.

Genuss und Nutzen

Bohnenkraut schmeckt kräftig würzig bis pfeffrig und eignet sich für alle Gerichte mit Bohnen. Ebenso lassen sich Suppen und Lamm- und Wildgerichte mit dem frischen, aber auch mit dem getrockneten Kraut würzen.

Naturheilkundlich wirkt das Bohnenkraut gegen Magen- und Darmbeschwerden und zur Unterdrückung bzw. zur Verhinderung von Krämpfen (bei Blähungen).

Für die Teezubereitung nehmen Sie zwei Teelöffel getrocknete Bohnenkrautblätter und überbrühen diese mit einer Tasse heißem Wasser. Zehn Minuten ziehen lassen und mehrere Tassen täglich in kleinen Schlückchen trinken.

Blütezeit
Juli bis August

Sammelgut/-zeit
Kraut / von Juni bis September

Brennnessel

Urtica dioica

auch bekannt als
Große Nessel,
Nessel,
Hanfnessel

Pflanzenbeschreibung

Die bis zu 150 cm hohe, ausdauernde Pflanze besitzt vierkantige Stängel mit herzförmigen, grobgesägten Blättern. Die Blätter stehen sich gegenüber und sind mit Brennhaaren versehen. Aus den Blattansätzen entspringen die kleinen, unscheinbaren Blüten.

Vorkommen

Findet sich weltweit – vor allem an Weg- und Wiesenrändern und Flussufern

Genuss und Nutzen

Junge Brennnesselblätter sind ein spinatartiges Gemüse, welches sich hervorragend mit anderen Salaten und Gemüsen verarbeiten lässt. Auch kann man mit Brennnesseln eine kräftige Suppe kochen.

In der Naturmedizin wirkt Brennnessel-Tee besonders bei Entzündungen der ableitenden Harnwege und bei rheumatischen Beschwerden. Dazu drei Teelöffel getrocknete Blätter mit 150 ml siedendem Wasser begießen, 10 Minuten ziehen lassen und dann durchseihen. Morgens und abends jeweils eine Tasse Tee trinken.

Oder zwei Teelöffel Brennnesselwurzel mit 125 ml kaltem Wasser ansetzen und zum Kochen bringen. Etwa fünf Minuten kochen und 10 Minuten ziehen lassen. Durch ein Teesieb gießen und morgens und abends jeweils eine Tasse trinken.

Blütezeit

Juli bis August

Sammelgut/-zeit

Blätter und Wurzeln / Sommer

Brunnenkresse

Nasturtium officinale

auch bekannt als
Bornkersch,
Kasse,
Bornkassen,
Wasserkresse

Pflanzenbeschreibung

Brunnenkresse ist eine grüne, ausdauernde, krautige Wasserpflanze mit weißen Blüten. Die im Wasser liegenden hohlen Stängel können eine Länge von 90 cm erreichen. Ihre Laubblätter sind klein, unpaarig gefiedert und bestehen aus bis zu vier Fiederpaaren.

Vorkommen

Weltweit – an bevorzugt fließenden, nährstoffreichen Gewässern in sonniger bis halbschattiger Lage

Genuss und Nutzen

Brunnenkresse besitzt einen frischen, leicht scharfen Geschmack. In der Küche wird Brunnenkresse, wie die geschmacklich verwandte Gartenkresse, in Suppen und Salaten verwendet.

In ihrer frischen Form kann sie Frühjahrsmüdigkeit lindern und Vitaminmangel (reicher Vitamin C-Gehalt) beheben. Als Heilkraut wirkt die Pflanze appetitanregend und hilft gegen Verdauungsbeschwerden.

Für die Teezubereitung nehmen Sie ein bis zwei Teelöffel (etwa 2 g) getrocknete Brunnenkresse und übergießen sie mit ca. 150 ml siedendem Wasser. Abgedeckt nach 10 bis 15 Minuten abseihen. Bei Appetitlosigkeit 2- bis 3-mal täglich eine Tasse jeweils eine halbe Stunde vor den Mahlzeiten trinken. Gegen Verdauungsbeschwerden bei Bedarf 1 bis 2 Tassen nach den Mahlzeiten trinken.

In der Kosmetikindustrie werden Extrakte aus der Brunnenkresse in Cremes zum Bleichen von Hautflecken eingesetzt.

Blütezeit
Mai bis Juli

Sammelgut/-zeit
Das Kraut kann man im Mai und Juni sammeln.

Dill

Anethum graveolens

auch bekannt als Däll, Dille, Gurkenkräutel, Kappernkraut

Pflanzenbeschreibung

Die einjährige, bis 1 m hohe, kahle Pflanze trägt einen aufrechten, feingerillten, in ihrem oberen Teil verzweigten Stängel. Ihre Blätter sind fadenförmig und spitz. Die Blattscheiden sind bis 2 cm lang und umfassen den Stängel. Die gelben Blüten stehen in gewölbten bis zu 15 cm breiten Dolden mit 30 bis 50 kahlen, meist gleichlangen, bis 8 cm langen Strahlen. Die runden bis eiförmigen Früchte werden etwa 5 mm lang und sind leicht spaltbar.

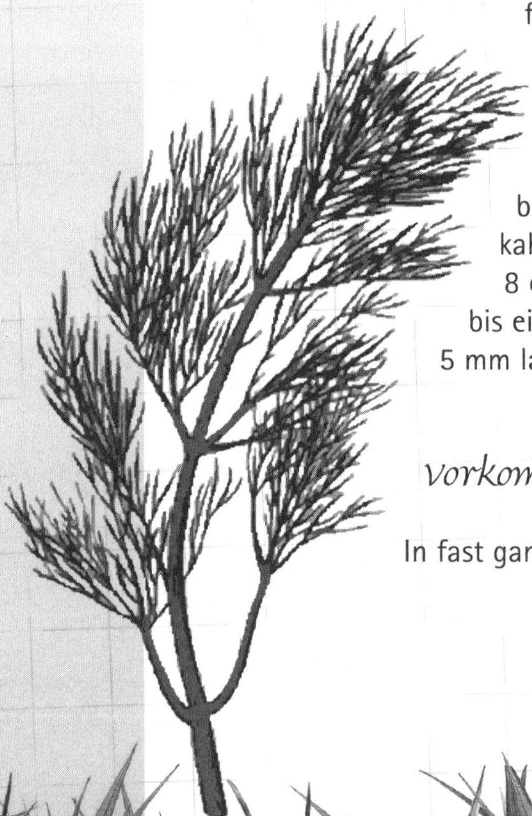

Vorkommen

In fast ganz Europa angebaut

Genuss und Nutzen

Das Dillkraut eignet sich hervorragend zum Würzen von Speisen wie Gurken- und Kartoffelsalat und Suppen.

Zu Heilzwecken bei Verdauungsstörungen, Blähungen und Appetitlosigkeit empfiehlt sich die Einnahme von Tee.

Hierfür ein Teelöffel Blätter mit 125 ml kochendem Wasser begießen und 10 Minuten ziehen lassen. Den Tee durch ein Teesieb gießen und zwei Tassen täglich trinken.

Blütezeit

Juli bis August

Sammelgut/-zeit

Blätter / Sommer

Fenchel

Foeniculum vulgare

auch bekannt als
Bitterfenchel,
Fenikel,
Frauenfenchel,
Langer Anis

Pflanzenbeschreibung

Die bis 2 m hoch wachsende Pflanze hat aufrechte, gerillte und oben reich verzweige Stängel. Die unteren Blätter sind gestielt und fiederschnittig, die oberen Blätter sind fädlig, zugespitzt und sitzend. Sattgelbe Blüten stehen in bis zu 15 cm breiten Dolden mit bis zu 25 ungleich langen Strahlen. Ihre Frucht kann bis 10 mm lang und 3 mm breit werden.
Vom Echten Fenchel oder Garten-Fenchel gibt es drei Sorten: Gemüsefenchel, Knollen- oder Zwiebelfenchel, Gewürzfenchel oder Süßfenchel, Wilder Fenchel oder Bitterfenchel.
Die Sorten unterscheiden sich in ihrer Verwendung und im Wuchs.

Vorkommen

Fenchel ist eine alte, ursprünglich mediterrane Kulturpflanze, die in Mitteleuropa gelegentlich verwildert.

Genuss und Nutzen

Die Fenchelknolle ist ein besonders schmackhaftes Gemüse und passt sehr gut zu Fischgerichten. Auch die Fenchelsamen finden Verwendung in der Küche, sie können z.B. als Gewürz in Schwarzbrot mitgebacken werden.

Zu einem Tee aufgegossen wirken sie beruhigend bei Magen- und Darmbeschwerden, aber auch bei Erkältungskrankheiten.
Für die Teezubereitung 1–2 Teelöffel zerstoßene Samen mit 150 ml kochendem Wasser begießen und 10 Minuten ziehen lassen. Abgeseiht 3- bis 5-mal täglich eine Tasse Tee trinken. Bei Verdauungsstörungen ungesüßt, bei Erkältungskrankheiten mit jeweils 1 Teelöffel Honig gesüßt trinken.

Auch für Kleinkinder sehr gut geeignet.
Bei Säuglingen mit Blähungen hat sich Fencheltee als Zugabe zur Babynahrung sehr bewährt.

Blütezeit
Juli bis Oktober

Sammelgut/-zeit
Fenchelknolle, Samen / September und Oktober

Hagebutte

Rosa canina

auch bekannt als Dornapfel, Heckenrose

Pflanzenbeschreibung

Bei der Hagebutte handelt es sich um einen bis zu 5 m Meter hoch wachsenden Strauch mit gekrümmten Stacheln an Zweigen und Blättern. Die Blätter sind wechselständig, gefiedert und gezähnt. Seine rosa gefärbten Blüten sind 4–5 cm breit. Die Frucht ist eiförmig, rund 1,5 cm groß und von kräftig roter Farbe.
Die Hagebutte zählt zu den Scheinfrüchten und hat einen hohen Vitamin-C-Gehalt.

Vorkommen

Europa – an Waldrändern, Hecken, steinigen Hänge

Genuss und Nutzen

Die Früchte können zu Mus oder Konfitüre verarbeitet werden. Aber auch zum Würzen von Wildgerichten eignen sich Hagebutten hervorragend.

Hagebutten lassen sich auch zu Fruchtwein, Likör und Tee verarbeiten. Die im Lebensmittelhandel erhältlichen Früchteteemischungen bestehen hauptsächlich aus Hagebutten. Hagebuttentee schmeckt gut (er eignet sich auch hervorragend als Erfrischungsgetränk), hat darüber hinaus eine Heilwirkung bei Erkältungen und dient zur Steigerung der Abwehrkräfte.

Wenn Sie Ihren Tee selbst herstellen möchten, nehmen Sie 2 g zerkleinerte Hagebutten und bringen diese mit 125 ml kaltem Wasser zum Kochen. 10 Minuten ziehen lassen und durchseihen.

Tee aus Blüten:
Zwei Teelöffel Blüten mit 200 ml kochendem Wasser übergießen und 15 Minuten ziehen lassen.

Blütezeit

Mai bis Juni

Sammelgut/-zeit

Blüte:
im Juni/Juli
Frucht:
Anfang Oktober

Die Früchte bleiben oft den ganzen Winter am Strauch und sind meist noch im Frühling, auch nach dem Winterfrost, problemlos genießbar.

Ingwer

Zingiber officinale

auch bekannt als
Ingber, Imber,
Immerwurzel,
Ingwerwurzel

Pflanzenbeschreibung

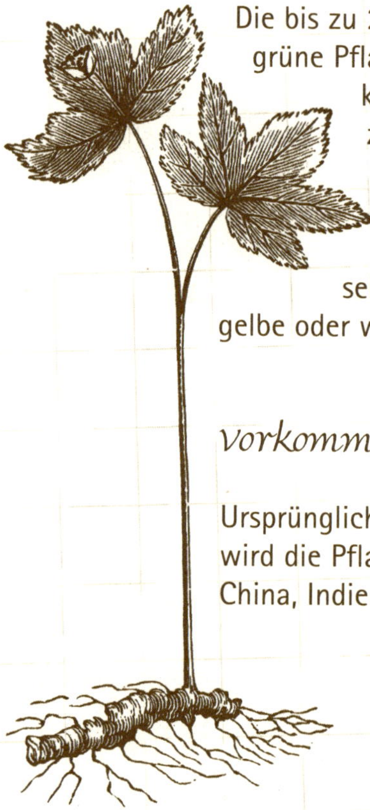

Die bis zu 2 m hoch wachsende, immergrüne Pflanze hat einen ausdauernden, kriechenden, sich weit verzweigenden Wurzelstock. Ihre hellgrünen Blätter sind lanzettenförmig und können bis 20 cm lang werden. Die selten blühende Pflanze hat gelbe oder weiße Blütenstände.

Vorkommen

Ursprünglich aus Südostasien kommend wird die Pflanze heute hauptsächlich in China, Indien und den USA kultiviert.

Genuss und Nutzen

Ingwer ist vor allem in der chinesischen Küche ein Begriff. Und auch als Beilage zu Sushi ist Ingwer nicht wegzudenken. Ingwer kann roh, gekocht oder eingelegt gegessen werden. Sein fruchtig-scharfer Geschmack belebt jedes Salat-, Fleisch-, Gemüse- oder Fischgericht.

Ingwer als Teezubereitung ist vielseitig einsetzbar und findet auch in der Heilmedizin bei Blähungen, Völlegefühl, Verdauungsbeschwerden, rheumatischen Gelenkbeschwerden und Reisekrankheiten (Übelkeit, Erbrechen) Verwendung.

Der angenehm scharfe Tee ist einfach zuzubereiten. Zunächst ein Stück Ingwerknolle (Menge richtet sich nach Ihrem Geschmack) schälen und in kleine Stückchen schneiden oder reiben. In eine Teekanne geben und mit etwa 2 l heißem Wasser aufgießen. Den Tee etwa zehn Minuten ziehen lassen (je länger er zieht, desto schärfer wird er), abseihen, erkalten lassen und über den Tag verteilt trinken.

Ernte

Nach acht bis zehn Monaten Wachstum, wenn sich die schilfartigen Blätter gelb färben, kann mit der Ernte des Gewürzingwers begonnen werden.

Sammelgut/-zeit

Wurzel / im Herbst

Johanniskraut

Hypericum perforatum

auch bekannt als
Hartheu,
Liebeskraut,
Herrgotts-
Wundkraut,
Manneskraft,
Walpurgiskraut

Pflanzenbeschreibung

Die ausdauernde, aufrechte Pflanze hat kahle bis 1m hoch wachsende verzweigte Stängel. Die eiförmigen Blätter sitzen gegenständig und sind mit durchsichtig wirkenden Punkten versehen. Ihre goldgelben Blüten haben viele lange Staubblätter und bilden Trugdolden. Die Frucht ist eine eiförmige und bis zu 10 mm lange vielsamige Kapsel.

Vorkommen

Europa, Westasien, Nordafrika – an Felshängen, Trockenrasen, lichten Wäldern, Wiesen

Genuss und Nutzen

Johanniskraut ist in ganze Europa als Heilpflanze bekannt. Bereits im 17. Jahrhundert wussten die Menschen um die Heilkraft dieses Krautes und setzten es vor allem bei Depressionen ein. Johanniskraut ist heute im Fachhandel in Tablettenform erhältlich und wird auch zur Stimmungsaufhellung, bei innerer Unruhe und leichten Depressionen eingesetzt.
Aber Achtung – Depressionen müssen immer auch von einem Facharzt behandelt werden!

Die Zubereitung von Tee ist einfach und schnell gemacht. Dazu zwei Teelöffel Johanniskraut mit 125 ml kochendem Wasser begießen und 10 Minuten ziehen lassen. Den Tee durchseihen und täglich 3–4 Tassen trinken.

Blütezeit

Juni bis August

Sammelgut/-zeit

Blüte / Juli bis August

Kamille

Matricaria chamomilla

auch bekannt als
Deutsche Kamille,
Feldkamille,
Mutterkraut

Pflanzenbeschreibung

Kamille ist eine bis 50 cm hoch wachsende Pflanze mit aufrechten, meist ästig verzweigten Stängeln. Ihre Blätter stehen wechselständig und sind 2- bis 3-fach fiederspaltig. Die Blütenköpfchen haben gelbe Scheibenblüten und weiße Randblüten. Der Fruchtboden ist kegelförmig und innen hohl.

Vorkommen

In ganz Europa – an Äckern und Wegrändern

Genuss und Nutzen

Bei der Kamille handelt es sich um eine traditionelle Heilpflanze mit entzündungshemmender, krampflösender und antibakterieller Wirkung. Sicher erinnern wir uns daran, dass unsere Großmütter die Kamille zur Heilung einsetzten.

Als Teezubereitung (Teebeutel sind im Lebensmittelhandel erhältlich) hilft die Kamille gegen Entzündungen im Magen-Darm-Bereich, im Mund- und Rachenraum sowie bei Erkältungskrankheiten. Möchten Sie Ihren Tee selbst zubereiten, nehmen Sie einen Esslöffel Kamillenblüten und begießen diese mit 150 ml kochendem Wasser. Das Ganze 10 Minuten ziehen lassen. Den Tee durchseihen und täglich drei Tassen trinken.

Bei Erkältungskrankheiten empfiehlt sich ein Dampfbad. Dazu zwei Esslöffel Kamillenblüten in einem ausreichend großen Gefäß mit 1 l kochendem Wasser übergießen. Den Kopf über die dampfende Flüssigkeit halten und gut mit Handtüchern abdekken, so dass der Dampf nicht entweichen kann. Tief durch die Nase einatmen und durch den Mund ausatmen. Dies so lange durchführen, bis die Flüssigkeit erkaltet ist.

Blütezeit

Mai bis Juni

Sammelgut/-zeit

Blüte / Mai bis Juni

Kerbel

Anthriscus cerefolium

auch bekannt als Gartenkerbel, Kräutel

Pflanzenbeschreibung

Die einjährige Pflanze verfügt über eine dünne Wurzel und kann eine Höhe von 70 cm erreichen. Die im Ganzen (außer der Frucht) behaarte Pflanze hat schlanke Stängel und weiche, hellgrüne, fiederschnittige, dreieckige Laubblätter mit gesägtem Blattrand. Auf der Oberseite sind die Blätter kahl, auf der Unterseite behaart. Die unteren Blätter sind gestielt und ebenfalls behaart. Hüllblätter fehlen, die Kronblätter sind von weißer Farbe und von länglicher, ovaler Form.

Der Blütenstand ist eine Doppeldolde. Die Blüten verfügen über Nektar und werden von allen Fluginsekten, die sich von Nektar ernähren, bestäubt. Die 7-11 mm langen und bis 1,5 mm breiten Früchte sind in der Reife von schwarz glänzender Farbe.

Vorkommen

Die in Südosteuropa und Westasien heimische Pflanze wächst heute in ganz Europa und in Nordamerika. Kerbel ist in unseren Gärten kultiviert.

Genuss und Nutzen

Kerbel ist ein beliebtes Kraut, welches in der Küche unterschiedliche Verwendung findet. Der Geschmack von Kerbelblättern ist mit Petersilie und Anis vergleichbar. Die Pflanze verströmt einen angenehmen Anisgeruch.

Frisch verwendet man die filigranen Blättchen am besten in Salaten oder Kräuterquarks. Aber auch in Suppen, Fischgerichten und Gemüse kann man deren süßlich frischen Geschmack genießen.

Kerbel kommt im März frisch in den Handel und ist bis August erhältlich. Man sollte ihn frisch verwenden, denn eingefroren oder getrocknet verliert er sein Aroma.

Kerbel hilft bei Erkältungskrankheiten, Verdauungsbeschwerden und ist harntreibend.
Der an Vitamin A und C und Magnesium und Eisen reiche Kerbel eignet sich im Frühjahr für Kuren zur Entgiftung von Nieren, Galle und Leber. Außerdem kann man frische Kerbelblätter auf Insektenstiche reiben, damit der Juckreiz schneller nach lässt.

Blütezeit:
Mai bis August

Sammelgut/-zeit:
Kraut / August und September

Kümmel

Carum carvi

auch bekannt als Brotkümmel, Feldkümmel, Karbensamen, Wiesenkümmel

Pflanzenbeschreibung

Die bis 1 m hoch wachsende Pflanze mit möhrenförmiger Wurzel hat kantige, oft schon vom Boden an verzweigte Blätter. Die Blätter sind doppelgefiedert, sehr schmal und quirlständig. Die kleinen weißen, auch rosa oder gelb gefärbten Blüten stehen in zusammengesetzten Dolden.

Vorkommen

Europa, Nordafrika, Nordasien – häufig auf Wiesen, Weiden und an Wegrändern

Genuss und Nutzen

Kümmel findet in unserer Küche zahlreiche Verwendungen. Sein recht eigenwilliger Geschmack dient als Gewürz bei Kohl-, Eintopf- und Fleischgerichten. Aber auch in der Brot- und Käseverarbeitung wird Kümmel eingesetzt.

Der Gebrauch von Kümmel in Kohlgerichten verhindert vermehrte Gasbildung im Magen-Darm-Trakt und macht somit das Essen bekömmlicher.

Aus Kümmel werden zudem Schnäpse und Liköre hergestellt.

In der Naturheilkunde hilft Kümmel, wie bereits erwähnt, gegen Blähungen und hat darüber hinaus eine appetitanregende Wirkung.

Wenn Sie Kümmel nicht nur als Gewürz verwenden möchten, können Sie Ihn auch als Tee zubereiten. Dazu ein Teelöffel zerdrückte Samen mit 125 ml kochendem Wasser übergießen und 10 Minuten ziehen lassen. Täglich 2–3 Tassen durchgeseihten Tee in kleinen Schlucken trinken.

Blütezeit
Mai bis Juli

Sammelgut/-zeit
Samen / nach der Reife

Lavendel

Lavandula angustifolia

auch bekannt als
kleiner Speik,
Lavendelkraut

Pflanzenbeschreibung

Lavendel ist ein stark verzweigter Halbstrauch und kann eine Höhe von bis zu 60 cm erreichen. Die Stängel stehen aufrecht und tragen gegenständig angeordnete, schmale, längliche Blätter. Die unteren sind beidseitig weißfilzig, die oberen graugrün. Seine violetten Blüten sitzen am Ende von 10-15 cm langen, behaarten Stielen in ährenartigen Scheinquirlen. Die Pflanze verströmt einen wohlriechenden überaus angenehmen Duft.

Vorkommen

Die im Mittelmeergebiet heimische Pflanze ist auch in unseren Gärten kultiviert.

Genuss und Nutzen

Allein der herrliche Duft von Lavendel kann uns erfreuen. Diese blau-violett gefärbte Pflanze schmückt nicht nur jedes Gartenbeet, sondern sie hat auch eine heilende Wirkung.

Die Lavendelblüten liefern ein ätherisches Öl, dessen Inhaltsstoffe beruhigend auf unser Zentralnervensystem und somit gegen Erschöpfungszustände, Schlaflosigkeit und Verspannungen wirken.

Zur Behebung dieser Beschwerden können Sie einen Tee zubereiten. Dazu zwei Teelöffel Lavendelblüten mit 125 ml kaltem Wasser begießen und langsam zum Kochen bringen. Kurz aufkochen lassen und dann 5 Minuten ziehen lassen. Von dem durchgeseihten Tee jeweils morgens und abends eine Tasse trinken.

Bei Verspannungen empfiehlt sich ein Badezusatz. Hierfür 50 g Lavendelblüten mit 1 l Wasser zum Kochen bringen, 30 Minuten ziehen lassen und dem Vollbad zugeben.

Blütezeit

Juli bis August

Sammelgut/-zeit

Blüten / Juli bis August

Liebstöckel

Levisticum officinale

auch bekannt als
Gichtstock,
Leberstockwurzel
Lüppsteckel,
Maggikraut,
Sauerkrautwurz

Pflanzenbeschreibung

Die ausdauernde bis zu 2 m hoch wachsende Staude hat starke Röhrenstängel, die im oberen Bereich verzweigt und gegenständig sind. Die gestielten Blätter sind groß und 2- bis 3-mal fiedrig zerschnitten. Kleine Blüten stehen in Doppeldolden und sind von blassgelber Farbe. Aus den Blüten bilden sich Samen, die man ernten, trocknen und als Heilmittel oder Gewürz verwenden kann. Die Pflanze verströmt einen sellerieähnlichen Geruch.

Vorkommen

Europa – kultiviert

Genuss und Nutzen

In der Küche werden die getrockneten Samen und die frischen Blätter bei der Zubereitung von Eintöpfen, Fleischgerichten, Salaten, Suppen, aber auch zum Brotbacken verwendet. Der Geschmack der Liebstöckelblätter erinnert an Sellerie.

Als Naturheilmittel hilft Liebstöckel bei Magenbeschwerden, Verdauungsstörungen, Blasen- und Nierenleiden. Gegen diese Beschwerden hilft die Zubereitung von Tee. Dazu ein Teelöffel Wurzel mit 150 ml kochendem Wasser übergießen und nach 10 Minuten absieben. Von diesem Tee täglich zwei Tassen trinken.

Für Schwangere gilt: Liebstöckel kann Wehen fördern und sollte aus diesem Grunde nicht während der Schwangerschaft getrunken werden. Bei langwierigen und schwierigen Geburten wird Liebstökkel durchaus verwendet.

Blütezeit

Juli bis August

Sammelgut/-zeit

Wurzel: Frühjahr oder Spätherbst
Samen: Spätsommer
Blätter: Frühjahr

Löwenzahn

Taraxacum officinale

auch bekannt als
Butterblume,
Kettenblume,
Kuhblume,
Pusteblume

Pflanzenbeschreibung

Die kahle oder schwach behaarte Pflanze kann bis 50 cm hoch wachsen und hat eine rübenartige, fleischige Wurzel. Ihre Wurzelblätter bilden eine Rosette, aus denen sich die glatten, hohlen Blütenstängel erheben. Beim Zerbrechen der Stängel quillt ein weißer, kautschukhaltiger Saft (Milchsaft) heraus. Leuchtend gelbe Blütenköpfe sitzen am Ende der langen, blattlosen Stängel. Die Früchte sind spindelförmig mit einem schirmförmigen Pappus, der aus fiederbehaarten Strahlen besteht (deshalb die bekannte Bezeichnung Pusteblume).

Vorkommen

Europa – auf Fettwiesen, Äckern, Schuttplätzen

Genuss und Nutzen

Wer kennt ihn nicht, den unliebsamen Löwenzahn? Der sich in unseren Gärten, entgegen unserem Willen, mannigfach vermehrt. Wir rupfen ihn mit Stumpf und Stiel aus und werfen ihn auf den Kompost – dabei ist es so wertvoll, dieses vermeintliche Unkraut.

Löwenzahntee wirkt stark entwässernd und hilft bei Leber- und Gallenleiden und dient zur Anregung der Gallensekretion.
Tun Sie sich und Ihrem Körper etwas Gutes und kochen Sie sich einen Löwenzahn-Tee. Das Rezept geht wie folgt: Ein Teelöffel der Wurzel mit 150 ml Wasser erhitzen und 1 Minute kochen lassen. Danach ein Teelöffel Kraut dazugeben und alles 15 Minuten ziehen lassen. Den Tee durchseihen und jeweils morgens und abends eine Tasse trinken.

Oder zwei Teelöffel Blätter mit 250 ml kaltem Wasser übergießen, kurz aufkochen und nach 10 Minuten absieben. Täglich mehrere Tassen trinken.

Blütezeit
April bis Oktober

Sammelgut/-zeit
Blätter und Blüten im Frühling
Wurzel im Frühling oder Frühherbst

Melisse

Melissa officinalis

auch bekannt als
Bienenkraut,
Gartenmelisse,
Herzkraut,
Zitronenmelisse

Pflanzenbeschreibung

Die ausdauernde, bis 60 cm hoch wachsende Staude hat aufrecht stehende, stark verästelte, vierkantige Stängel mit gestielten Wurzelblättern. Die oberen Blätter sind gestielt, gekreuzt gegenständig angeordnet, grob gesägt und eiförmig. Kleine weißlich-gelbe Lippenblüten sitzen als Scheinquirle in den Blattachseln der oberen Blätter. Der zweilippige Kelch ist röhrig und 12–15 mm lang.

Vorkommen

Die Pflanze ist kultiviert.

Genuss und Nutzen

Die Melisseblätter sind ein erfrischendes Kraut und können in der Küche als Gewürz vielseitig eingesetzt werden. Ob beispielsweise in Salaten, Kräuterquark oder Eintöpfen – diese Gewürzpflanze ist eine Bereicherung für den Gaumen.

Aufgrund ihres angenehmen Zitronenaromas und ihren vielfältigen Wirkungen (gegen nervösen Magen- und Darmbeschwerden, nervöser Unruhe, Schlafstörungen) eignet sich die Melisse sehr gut zur Anwendung in Tee-Form.

Für die Teezubereitung nehmen Sie zwei Teelöffel Melisseblätter und übergießen diese mit 125 ml kochendem Wasser. Das Ganze 10 Minuten ziehen lassen, anschließend durchseihen und drei Tassen täglich frisch gebrühten Tee trinken.

Blütezeit

Juli bis August

Sammelgut/-zeit

Blätter /
Juni bis Juli

Petersilie

Petroselinum crispum

auch bekannt als Bittersilche, Gartenpetersilie, Peterchen

Pflanzenbeschreibung

Die bis 1 m hoch wachsende, kahle Pflanze hat eine rübenförmige Wurzel und steht aufrecht auf einem stielrunden Stängel, der ab der Mitte verzweigt ist. Dunkelgrüne, gestielte Blätter sind dreifach fiedrig eingeschnitten. Ihre Blüten sind grünlich-gelb und zeigen sich als Doppeldolden. Die Frucht ist breiteiförmig und 2–3 mm lang, mit Längsrippen.

Vorkommen

Wird als Kultur- und Gartenpflanze angebaut

Genuss und Nutzen

Petersilie ist ein fruchtig schmeckendes Kraut, welches in der Küche vielseitige Verwendung findet. Gerne wird die Petersilie auch zur Garnierung genutzt, denn die dekorative Pflanze (ob glatt oder kraus) verschönt so manche Fleisch-, Wurst- oder Käseplatte, aber auch eine herzhafte Fleischbrühe. In einem grünen Salat, aber auch in Frikadellen, darf frisch gehackte Petersilie einfach nicht fehlen.

Dazu kommt noch, dass dieses wohlschmeckende Kraut eine Heilwirkung auf unsere Gesundheit hat. Durch ihren hohen Vitamin-C-Gehalt wirkt sie belebend und hilft als Teezubereitung gegen Frühjahrsmüdigkeit und auch bei Entzündungen der Harnwege.

Für den Tee zwei Teelöffel Wurzel mit 150 ml Wasser zum Kochen bringen und 5 Minuten kochen lassen. Ein Teelöffel Kraut dazugeben und alles zusammen 15 Minuten ziehen lassen. Den Tee durchseihen. Täglich 2–3 Tassen frisch gebrühten Tee trinken.

Blütezeit
Juni bis Juli

Sammelgut
Wurzel und Kraut

Pfefferminze

Mentha piperita

auch bekannt als
Minze
Katzenkraut,
Mutterkraut,
Teeminze

Pflanzenbeschreibung

Bei der Pfefferminze handelt es sich um eine bis 1 m hoch wachsende Pflanze mit vierkantigem und im oberen Teil verzweigtem Stängel. Die schmalen, eiförmigen, gestielten Blätter sind am Rand grob gezähnt. Die violett gefärbten Blüten sind gestielt und finden sich zahlreich in den Achseln von Tragblättern und erscheinen als Scheinähren. Ihr Kelch ist glockig und 2 mm lang.

Vorkommen

Europa und Amerika – kultiviert

Genuss und Nutzen

Jeder von uns hat ihn schon getrunken – den Pfefferminztee. In arabischen und nordafrikanischen Ländern ist Pfefferminztee ein Nationalgetränk. Der Geschmack wird durch die ätherischen Öle bestimmt, weshalb die Pfefferminze auch häufig zur Aromatisierung von Bonbons, Pfefferminzkaugummis oder für Schokoladenfüllungen verwendet wird.

In der Naturheilkunde hilft Pfefferminztee besonders gegen Magen- und Darmbeschwerden, Leber- und Gallenbeschwerden sowie Blähungen und Übelkeit. Pfefferminztee ist in jedem Lebensmittelgeschäft als Fertigprodukt erhältlich.

Wenn die Pfefferminze jedoch in Ihrem Garten oder in Ihrem Balkonkübel wächst, können Sie sich Ihren Tee (wie die Afrikaner oder Araber) auch frisch, ganz leicht selbst aufkochen. Nehmen Sie dazu zwei Teelöffel frische Blätter und übergießen diese mit 125 ml kochendem Wasser. Das Ganze
10 Minuten ziehen lassen. Den Tee durch ein Teesieb gießen und täglich 2–3 Tassen trinken.

Blütezeit
Juni bis August

Sammelgut/-zeit
Blätter / vor und während der Blüte

Rosmarin

Rosmarinus officinalis

auch bekannt als
Kranzenkraut,
Marienkraut,
Weihrauchkraut

Pflanzenbeschreibung

Der immergrüne Strauch kann eine Höhe von 2 m erreichen, hat reich verzweigte Äste und nadelförmige, gegenständige Blätter. Seine Blätter sind auf der Oberseite von dunkelgrüner und auf der Unterseite von grauer Färbung. Blaue Blüten sitzen quirlförmig im oberen Teil der Äste.

Vorkommen

Ursprünglich aus dem Mittelmeergebiet stammend – an trockenen Stellen und Küstennähe.
Wird in unseren heimischen Gärten meistens im Kübel gezogen. Im Winter sollte die Rosmarin-Pflanze an einem kühlen, sonnigen und frostfreien Platz überwintern.

Genuss und Nutzen

Rosmarin harmoniert hervorragend als Gewürzkraut zu Kartoffel-, Lammfleisch-, Bohnen- und Fischgerichten. Für den Einsatz in der Küche kann man ganzjährig die frischen Triebspitzen vom Rosmarin abschneiden. Im Winter sollte man mit dem Abschneiden etwas zurückhaltender sein, da die Pflanze erst im Frühling wieder nachwächst.

In der Naturheilkunde wird Rosmarin innerlich als Tee und äußerlich als Badezusatz angewendet. Rosmarin-Tee hilft besonders bei Verdauungsbeschwerden, Blähungen und Völlegefühl.
Einen Teelöffel mit 125 ml kaltem Wasser ansetzen und langsam zum Kochen bringen. 15 Minuten ziehen lassen und durchseihen. Morgens und abends jeweils 1 Tasse Tee trinken.

Als Badezusatz kann Rosmarin bei Rheuma, Gicht und Durchblutungsstörungen helfen.
50 g Rosmarin mit 1 l Wasser kurz aufkochen und 30 Minuten ziehen lassen. Den durchgeseihten Tee dem Badewasser (Vollbad) zugeben. Darüber hinaus hat der Rosmarin-Tee eine antimykotische Wirkung auf verschiedene Schadpilze und lässt sich somit als hauseigenes Pflanzenschutzmittel einsetzen.

Blütezeit
März bis Juni

Sammelgut/-zeit
Blätter / März bis Mai

Salbei

Salvia officinalis

auch bekannt als
Herbstkrokus,
Gelbe Würze,
Gewürzsafran,
Herbstsafran,
Nackthure,
Saffron,
Suppengelb

Pflanzenbeschreibung

Der bis 70 cm hoch wachsende, dicht filzig behaarte Halbstrauch duftet aromatisch. Seine graugrünen Blätter sind gegenständig angeordnet und am Rand sehr fein gekerbt. Blau bis violett gefärbte Blüten stehen in ährenartigen Blütenständen. Der fünfzähnige Kelch ist röhren- bis glockenförmig.

Vorkommen

Mittelmeergebiet – an trockenen Hängen
Bei uns in den Gärten angepflanzt, wächst der Salbei recht üppig.

Genuss und Nutzen

Salbei ist in ein schmackhaftes Kraut und aus der mediterranen Küche nicht wegzudenken. Man verwendet ihn besonders für Fleisch, Geflügel, Fisch, für Pasteten, auch für Salate oder Saucen.

Der Name Salvia stammt vom lateinischen Wort „salvare" (heilen) ab und weist somit auf die Heilkraft von Salbei hin. Das Kraut war bereits im Altertum bekannt und wurde schon damals als Heilmittel angewandt.

Die im Salbei enthaltenen Gerbstoffe wirken entzündungshemmend. Deshalb sind z. B. Gurgelmittel bei Halsschmerzen und andere Fertigprodukte, in Form von Tee oder als Bonbons, im Fachhandel erhältlich. Außerdem hilft das Heilkraut gegen Verdauungsbeschwerden, Entzündungen im Mund- und Rachenraum sowie übermäßiges Schwitzen.

Mit dem Salbeikraut können Sie sich Ihren Tee auch selbst brühen. Nehmen Sie dafür einen Teelöffel Salbeiblätter und übergießen Sie diese mit kochendem Wasser. 10 Minuten ziehen lassen, den Tee durchseihen. Jeweils vor den Mahlzeiten eine Tasse Tee trinken.

Blütezeit
Mai bis Juli

Sammelgut/-zeit
Blätter / Mai bis Juli

Sauerampfer

Rumex acetosa

auch bekannt als
Wiesen-
Sauerampfer
Grindwurz,
Mergelwurz

Pflanzenbeschreibung

Sauerampfer ist eine bis 1 m hoch wachsende Staude und hat aufrecht stehende, einfache Stängel. Die gestielten, grasgrünen Blätter sind von länglicher Form (ähnlich der Rhabarberblätter). Der Blütenstand ist rispenartig.

Vorkommen

Europa, Nordasien, Nordamerika – auf Wiesen und Weiden

Genuss und Nutzen

Die frischen, jungen Blätter des Sauerampfers sind zwischen März und April am zartesten und haben, weil sie noch nicht geblüht haben, ein feines säuerliches Aroma. Deshalb sind diese jungen Blätter zur Zubereitung in der Küche besonders geeignet.

Sauerampfer ist reich an Vitamin C und sein Genuss im Frühjahr ein wahrer Muntermacher. Als Heilmittel hilft Sauerampfer gegen Appetitlosigkeit und Verdauungsbeschwerden.

Diese Beschwerden kann man mit Sauerampfer-Tee lindern, indem man zwei Teelöffel mit 125 ml kochendem Wasser übergießt, 10 Minuten ziehen lässt und anschließend durchsiebt.
Zwei Tassen täglich trinken – nicht mehr! Denn die in Sauerampfer reichlich vorhandene Oxalsäure und die enthaltenen Alkalisalze wirken in großen Dosen giftig.

Blütezeit
Mai bis Juli

Sammelgut/-zeit
Kraut /
April bis Mai

Schnittlauch

Allium schoenoprasum

auch bekannt als Graslauch, Binsenlauch, Jakobszwiebel, Schnittling

Pflanzenbeschreibung

Die ausdauernde krautige Pflanze kann eine Höhe von bis zu 50 cm erreichen. Aus der eiförmigen und dünnhäutigen Zwiebel werden grüne, röhrenförmige, dünne Laubblätter gebildet. Die scheindoldigen Blütenstände sind endständig und entwickeln sich zwischen Mai und August. Die Blütenstiele können eine Länge von 15 mm erreichen. Die Blütenhüllblätter zeigen eine violett-purpurne, auch weiße, etwas blaustichige Färbung. Die fast kugelige Kapselfrucht ist von den Blütenhüllblättern ballonartig umgeben.

Vorkommen

Natürliche Bestände kommen in Hochgebirgen Europas, Asiens und Nordamerikas vor. Ansonsten ist Schnittlauch weltweit kultiviert, bei uns in den Gärten oder im Blumentopf auf dem Balkon oder der Fensterbank.

Genuss und Nutzen

Als Gewürz ist uns Schnittlauch sehr gut bekannt. Schnittlauch können wir das ganze Jahr über genießen, denn auch eingefroren kann man den Schnittlauch in der Küche verwenden. Das würzige Kraut ist eine Bereicherung für Salate, Suppen und Kartoffelgerichte. Probieren Sie einmal ein mit Schnittlauchröllchen belegtes Butterbrot – das schmeckt richtig gut und ist auch noch gesund.

Der an Vitamin C sehr reiche Schnittlauch „vertreibt" die Frühjahrsmüdigkeit.

Schnittlauch wirkt frisch verzehrt - wie auch anderen Laucharten - schleimlösend, antibakteriell und harntreibend. Außerdem ist er appetitanregend und fördert die Verdauung.

Blütezeit
Mai bis August

Sammelgut/-zeit
Stängel / Mai bis Oktober

Sellerie

Apium graveolens

auch bekannt als
Eppich,
Geilwurz,
Zellerie

Pflanzenbeschreibung

Die bis 2 m hoch wachsende, kahle Pflanze hat in ihrer Kulturform (die Wildform ist wegen ihrer Seltenheit geschützt) eine dicke, kugelige Wurzel (Knolle). Der Stängel ist kantig und gefurcht, oft hohl und reich verzweigt. Dunkelgrüne glänzende Blätter sind im unteren Bereich langgestielt und bis zweifach gefiedert. Im oberen Bereich sind die Blätter dreispaltig. Kleine, weiße Blüten sitzen in kurzgestielten Doppeldolden, Hüllblätter fehlen. Die Frucht ist rund, mit kantig vorspringenden Längsrippen.

Vorkommen

Als Kulturpflanze auf der ganzen Welt verbreitet

Genuss und Nutzen

Sellerie ist ein schmackhaftes Gemüse und kann sehr vielseitig zubereitet werden. Ob als Suppeneinlage oder Salat, Püree oder frittiert – diese Knolle und auch die Blätter sind einfach köstlich.
Der kalorienarme Sellerie ist als gesundes Gemüse sehr empfehlenswert.

Aber Sellerie kann noch mehr. Durch seine harntreibende Wirkung (hoher Kaliumgehalt) hilft er, auch in der Zubereitung als Speise, bei Blasenbeschwerden. Darüber hinaus enthält Sellerie die Vitamine B1, B2, B12, C und E sowie wertvolle Mineralstoffe wie Calcium und Eisen. Dadurch wirkt er positiv auf den Kreislauf, ist stoffwechselanregend, belebend und fördert die Magensäurebildung.

Blütezeit
Juni bis September

Sammelgut/-zeit
Knolle: Herbst
Blätter: Sommer

Spitzwegerich

Plantago lanceolata

auch bekannt als Wundwegerich

Pflanzenbeschreibung

Die Pflanze kann eine Höhe von 40 cm erreichen und die Blätter, mit auffälligen Blattnerven, erscheinen am Grund in einer Blattrosette. Aus der Blattrosette wachsen die Stängel. An deren Ende befinden sich die weißen Blüten, welche sich in einer dichten Blütenähre zeigen. Die Frucht hat zwei Samen.

Vorkommen

Fast weltweit – auf Fettwiesen, Weiden und an Wegrändern

Genuss und Nutzen

Der Spitzwegerich hat, wie viele andere Heilpflanzen, ein reichhaltiges Angebot an Heilwirkungen. Besonders gut hilft er bei Erkrankungen der Atemwege und ist aufgrund seiner antibakteriellen Wirkung ein besonders gutes Mittel zur Wundheilung.

Bei kleineren Verletzungen der Haut reicht es aus, Spitzwegerich-Blätter mit den Fingerspitzen zu zerreiben und auf die Wunde zu legen. Das Ganze mit einem ganzen Blatt fixieren. Das Blut wird gestoppt und der Heilungsprozess setzt sich sofort in Gang.

Zur Heilung der Atemwege bei Husten und Heiserkeit empfiehlt sich die Einnahme von Tee. Fertigpräparate sind im Handel erhältlich. Sie können aber auch auf die Fertigprodukte verzichten und sich Ihren Tee selbst zubereiten. Dazu zwei Teelöffel Blätter mit kochendem Wasser übergießen, 15 Minuten ziehen lassen und durchseihen. 2–3 Tassen Tee täglich trinken.

Blütezeit
April bis September

Sammelgut/-zeit
Blätter / Mai bis August

Thymian

Thymus vulgaris

auch bekannt als Gartenthymian, Welscher Quendel

Pflanzenbeschreibung

Der bis 30 cm hoch wachsende Halbstrauch hat vierkantige verholzte, aufrechte Äste. Die Blätter sind gegenständig, klein, kurzgestielt, schmal, zugespitzt und am Rand eingerollt. Blass rötliche Blüten stehen in Quirlen in den Achseln der oberen Blätter.

Vorkommen

Mittelmeergebiete, in Mitteleuropa angebaut – bei uns zu Hause im Garten oder in Balkonkübeln gepflanzt

Genuss und Nutzen

Thymian ist als Gewürzkraut aus unserer Küche nicht wegzudenken. Dieses herrlich aromatische, vollwürzige Kraut ist ein Hochgenuss für unseren Gaumen. Egal ob Eintopf, Kartoffel-, Fleisch- oder Gemüsegerichte – Thymian darf nicht fehlen. Bereits als Küchenkraut „sorgt" der Thymian unauffällig für unsere Gesundheit. So hilft er gegen Verdauungsbeschwerden, Völlegefühl und Sodbrennen.

Als Heilmittel ist Thymian besonders gegen Erkältungskrankheiten wirksam. Fertigpräparate (Hustensaft, Bonbons etc.) sind im Fachhandel erhältlich.

Für die Zubereitung von Tee benötigen Sie einen Teelöffel Blätter und übergießen diese mit 125 ml kaltem Wasser. Bringen Sie das Ganze zum Kochen. Den Tee anschließend durchseihen und mit Honig gesüßt 3-mal täglich trinken.

Blütezeit

Mai bis Juni

Sammelgut/-zeit

Blätter / Sommer und Herbst

Wacholder

Juniperus communis

auch bekannt als
Kaddig,
Machandel,
Reckholder

Pflanzenbeschreibung

Der bis 10 m hoch wachsende Strauch oder Baum trägt immergrüne nadelförmige, bis 2 cm lange Blätter, die auf der Oberseite mit einem bläulichen Wachsstreifen versehen sind. Männliche (gelbe Ähren) und weibliche (grünliche Kätzchen) Blüten befinden sich meist auf verschiedenen Pflanzen. Scheinbeeren, hartschalige, kantige Samen sind in bis 2 cm großen Zapfen angeordnet. Die kugeligen, bis 9 mm dicken Beeren benötigen für die Reife 2–3 Jahre, so dass sich an einem Baum reife (dunkelblaue) und unreife (hellgrüne) Beeren finden. Das Holz enthält ein würziges Öl und duftet aromatisch.

Vorkommen

Europa, Nordasien, Nordamerika – auf Heiden, Sandfluren, lichten Nadelwälder

Genuss und Nutzen

Wachholderbeeren sind uns vorwiegend als Gewürz für Sauerkrautgerichte und zum Beizen von Wildgerichten bekannt. Darüber hinaus ist Wachholder in der Naturmedizin seit langem bekannt. Er hat eine starke harntreibende und auch desinfizierende Wirkung, hilft gegen Verdauungsbeschwerden, Durchfall, Blähungen und dient zur Entwässerung.

Zur Linderung dieser Beschwerden empfiehlt es sich, täglich 2–3 Tassen Wachholdertee zu trinken. Der Tee lässt sich ganz leicht zubereiten. Nehmen Sie einen Teelöffel zerstoßene Beeren und übergießen diese mit 150 ml kochendem Wasser. 10 Minuten ziehen lassen und danach durchseihen.

Blütezeit
April bis Juli

Sammelgut/-zeit
Beeren / Oktober bis November

Wachholder steht unter Artenschutz.

Auf den folgenden Seiten stellen wir Ihnen einige kulinarische Köstlichkeiten mit Kräutern vor. Kräuter werten jedes Gericht auf und machen es zu einem Geschmackserlebnis. Würzen allein nur mit Pfeffer und Salz ist in unserer heutigen Küche gar nicht mehr denkbar.

Schmackhafte Gerichte mit Kräutern

Brennnesselsuppe

1.

Den Brennnesselsaft durch eine Filtertüte filtern und auffangen. Die Brennnesselblätter von den Stielen abrupfen, abbrausen und abtropfen lassen.

2.

Die Butter in einem Topf auslassen (nicht bräunen), mit dem Mehl bestreuen und beides kräftig durchrühren (Mehlschwitze herstellen). Mit Brennnesselsaft und Gemüsebrühe aufgießen und das Ganze kurz aufkochen lassen.

3.

Den Topf von der Herdplatte ziehen und die saure Sahne dazugeben, unterrühren und zwei Esslöffel Hefeflocken unterziehen.

4.

Die Brennnesselsuppe in Suppenteller füllen, mit den restlichen Hefeflocken und den Brennnesselblättern garniert servieren.

Für 4 Personen

Zubereitungszeit:
5 Minuten
Kochzeit: 15 Minuten

Zutatenliste

150 ml Brennnesselsaft
einige junge Brennnesselblätter (nach Belieben)
1 TL Butter
1 EL Mehl
850 ml Gemüsebrühe
2 EL saure Sahne
3 EL Hefeflocken

Tipp

Brennnesselsaft und Hefeflocken sind im Reformhaus oder in einem gut sortierten Lebensmittelgeschäft erhältlich.

Gefüllte Truthahnbrust

Für 6–8 Personen

Zubereitungszeit: 45 Minuten

Koch- & Bratzeit: 2 3/4 Stunden

Zutatenliste

2,5 kg entbeinte Truthahnbrust mit Haut

Salz

Weißer Pfeffer aus der Mühle

4 EL Butter

4 cl Madeira

400 ml Hühnerfond

1.

Für die Füllung die Schalotte schälen und hacken. Schinkenspeck fein würfeln. Petersilie waschen, trocknen und fein wiegen. Einige Blättchen zurückbehalten.

2.

Für die Füllung die Butter in einer Pfanne erhitzen und darin die Schalottenwürfel goldbraun anbraten. Den Pfanneninhalt in eine Schüssel geben und etwas abkühlen lassen. Die restlichen Zutaten für die Füllung zufügen, salzen, pfeffern.

3.

Ei und Eigelb verrühren und zur Masse geben. Alles gründlich miteinander vermischen. Die Truthahnbrust mit der Hautseite nach unten auf die Arbeitsfläche legen, salzen, pfeffern und die vorbereitete Füllung gleichmäßig darauf verteilen. Die Brust aufrollen und mit Küchengarn fixieren.

4.

Den Braten in einen am Boden gebutterten Bräter legen und mit 1 EL Butter bestreichen. Die restliche Butter schmelzen und mit dem Madeira mischen. Den offenen Bräter in den auf 170 °C vorgeheizten Backofen schieben und 2 1/2 Stunden braten. In dieser Zeit den Braten immer wieder mit der Butter-Madeira-Mischung bestreichen.

5.

Die Truthahnbrust aus dem Bräter heben und in Alufolie gewickelt 10 Minuten warm stellen. Den Bratensatz mit dem Hühnerfond aufkochen und 5 Minuten einkochen lassen.

6.

Von der gefüllten Truthahnbrust das Küchengarn entfernen, das Fleisch in Scheiben schneiden, auf einer Platte anrichten und mit den restlichen Petersilienblättchen garniert servieren.

Für die Füllung

1 Schalotte
250 g Schinkenspeck
1/2 Bund Petersilie
2 EL Butter
5 EL Semmelbrösel
1/2 TL getrockneter Thymian
50 g gehackte Mandeln
Salz
Weißer Pfeffer aus der Mühle
1 Ei
1 Eigelb

Tipp

Truthahnbrust wird beim Braten schnell trocken. Darum lieber bei geringer Hitze braten und so oft wie möglich mit Butter bepinseln.

Frischer Salat aus Kräutern

Für 4 Personen
Zubereitungszeit:
20 Minuten

Zutatenliste
1 Hand voll Kerbel
1 Hand voll Löwenzahnblätter
1 Hand voll Sauerampfer
1/2 Hand voll Petersilie
1/2 Hand voll Schnittlauch
200 g Schmand
2 EL Essig
1 EL Himbeeressig
Salz
Weißer Pfeffer aus der Mühle

1.

Die Kräuter gründlich waschen, trocken schütteln und die Stiele entfernen. Die Blätter grob zerteilen. Schnittlauch in Röllchen schneiden. Alle Kräuter in einer Schüssel miteinander vermischen.

2.

Aus den übrigen Zutaten ein Dressing rühren.

3.

Die Kräutermischung auf Tellern verteilen und mit dem Salatdressing begießen. Den frischen Kräutersalat mit geröstetem Weißbrot als Entrée servieren.

Tipp
Selbstverständlich können Sie auch andere Kräuter für Ihren Salat verwenden. Wenn Sie den Salat etwas herzhafter wünschen, können Sie diesen auch mit ausgebratenen Speckstreifen oder mit gebackenem Ziegenfrischkäse und Honig servieren.

Gekochte Eier mit Sauerampfersoße

1.

Die Eier 8 Minuten fast hart kochen, abschrecken und pellen. Sauerampfer im Bund waschen und trockenschleudern.

2.

Die Avocado halbieren, den Kern entfernen, das Fruchtfleisch auskratzen und mit einer Gabel etwas zerdrücken. Sofort mit Zitronensaft beträufeln.

3.

Die Crème fraîche und das Avocadofleisch in einer Schüssel miteinander vermischen. Herzhaft mit Salz, Pfeffer und Cayennepfeffer würzen. Den Sauerampfer in feine Streifen schneiden.

4.

Die Avocadocreme auf Teller verteilen, die Sauerampferstreifen darüber streuen und je vier halbe Eier darauf setzen.

Für 4 Personen

Zubereitungszeit:
25 Minuten
Kochzeit: 8 Minuten

Einkaufsliste

8 Eier
2 Bund Sauerampfer
1 reife Avocado
1 EL Zitronensaft
200 g Crème fraîche
Salz
Schwarzer Pfeffer
aus der Mühle
1 Prise Cayennepfeffer

Gemüsesuppe mit Kräutern

Für 4 Personen
Zubereitungszeit:
30 Minuten
Kochzeit:
etwa 35 Minuten

1.

Alles Gemüse putzen, waschen und in mundgerechte Stükke oder Scheiben schneiden. Die Petersilie waschen und fein hacken, 1 EL beiseite stellen. Bohnenkraut waschen, trocknen und fest zusammenbinden.

2.

Die Butter in einem Topf schmelzen lassen, Schalotte, Lauch, Sellerie, Paprika und die Petersilie zufügen. Abgedeckt auf kleiner Flamme etwa 12–15 Minuten dünsten.

3.

Das Mehl darüber stäuben und die Gemüsebrühe angießen, kräftig durchrühren. Das Ganze zum Kochen bringen, Kartoffeln, Thymian und Lorbeerblätter dazugeben und weitere 5 Minuten kochen lassen.

4.

Nun die grünen Bohnen mit dem Bohnenkraut in den Topf geben und 15 Minuten kochen. Alle Gemüsestücke müssen weich sein. Zum Schluss die Sahne angießen und herzhaft mit Salz und Pfeffer würzen. Vor dem Servieren Lorbeerblätter und Bohnenkraut entfernen.

5.

Die Gemüsesuppe in eine Suppenterrine füllen, mit den restlichen Petersilienblättchen garniert heiß zu Tisch bringen. Reichen Sie dazu ein kerniges Bauernbrot.

Einkaufsliste

1 Schalotte
1 Lauchstange
1/4 Knollensellerie
1 gelbe Paprika
3 Kartoffeln
100 g grüne Bohnen
1 Bund Petersilie
1 Bund Bohnenkraut
30 g Butter
1 EL Mehl
1 L Gemüsebrühe
1 TL getrockneter Thymian
2 Lorbeerblätter
100 g Sahne
Salz
Weißer Pfeffer aus der Mühle

Garnierung

Petersilienblättchen

Ingwerkuchen

Für eine rechteckige Kastenform

Zubereitungszeit: 30 Minuten
Backzeit: etwa 1 Stunde

1.

Das Mehl in eine Schüssel sieben, Salz, Natron und die Gewürze dazugeben und vermischen. Die Backform fetten und mit Backpapier auslegen.

2.

Butter, Zuckerrübensirup und Rohrzucker in einem Topf so lange erwärmen, bis sich der Rohrzucker aufgelöst und alles miteinander verbunden hat. Abkühlen lassen.

3.

In die Mehlmitte eine Mulde drücken. Den abgekühlten Topfinhalt mit den verquirlten Eiern und der Milch in die Mulde gießen und mit den Knethaken vom Mixer glatt rühren. Die Rosinen unterheben und den fertigen Teig in die vorbereitete Backform füllen, glatt streichen und im vorgeheizten Backofen bei 190 °C etwa 1 Stunde backen.

4.

Mit einem Holzstäbchen den Gartest machen. Bleibt noch Teig am Stäbchen kleben, muss der Kuchen weitere 5–8

Minuten backen. In der Form etwas abkühlen lassen, auf ein Kuchengitter stürzen und vollständig auskühlen lassen.

5.

Für die Glasur den Puderzucker in ein Gefäß sieben und löffelweise den Zitronensaft dazugeben. Die Glasur sollte eine dickflüssige Konsistenz haben. Die Glasur über den Kuchen gießen und erstarren lassen.

6.

Den Ingwerkuchen auf eine längliche Kuchenplatte setzten und mit etwas Puderzucker bestreuen.

Tipp

Ingwerkuchen sollte nach dem Backen zwei Tage in einer gut schließenden Dose aufbewahrt werden. Erst dann haben sich alle Aromen voll entwickelt.

Einkaufsliste

230 g Mehl
1 Prise Salz
1 TL Natron
2 TL gemahlener Ingwer
1 1/2 TL gemahlener Piment
Fett für die Form
Backpapier
120 g Butter
230 g Zuckerrübensirup (Rübenkraut)
50 g Rohrzucker
2 Eier
120 ml Milch
120 g Rosinen
10 EL Puderzucker
3 EL Zitronensaft

Flussaalragout mit Fenchel

Für 4 Personen
Zubereitungszeit: 30 Minuten
Kochzeit: 30 Minuten

Einkaufsliste
800 g küchenfertig vorbereiteter Flussaal
4 Schalotten
2 Fenchelknollen
2 Bund Dill
80 g Speckwürfel
250 ml Weißwein
500 ml Gemüsebrühe
1 gehäufter EL mittelscharfer Senf
3 EL Zitronensaft
1 Prise Zucker
Weißer Pfeffer aus der Mühle
Salz
200 ml saure Sahne

1.

Den Aal in 8 gleich große Stücke schneiden. Schalotten schälen und würfeln. Fenchelknollen putzen, halbieren, den harten Strunk entfernen und in feine Ringe schneiden. Dill waschen, trocknen und hacken. Einige Dillblättchen beiseite stellen.

2.

Die Speckwürfel in einer Pfanne auslassen. Die gewürfelten Schalotten zufügen und glasig werden lassen. Den Fenchel in die Pfanne geben und andünsten. Den gehackten Dill über den Pfanneninhalt streuen und unterrühren.

3.

Weißwein und Gemüsebrühe angießen. Senf, Zitronensaft und Zucker zufügen. Mit Pfeffer und Salz abschmecken und die Aalstücke auf das Gemüse legen. Den Deckel auf die Pfanne legen und bei mittlerer Hitze 15 Minuten köcheln lassen. Kurz vor dem Servieren die saure Sahne unterziehen.

4.

Das Gericht auf einer vorgewärmten Platte anrichten und mit den restlichen Dillblättchen bestreuen. Mit Salz- oder Bratkartoffeln zu Tisch bringen.

Knoblauchsuppe

1.

Die Trauben waschen, vom Stiel zupfen und halbieren. Einige Weintrauben zur Garnierung beiseite stellen. Knoblauchzehen schälen und fein hacken.

2.

Die Butter in einem Topf schmelzen, den Knoblauch zufügen und mit Mehl bestäuben. Die Fleischbrühe angießen und unter ständigem Rühren aufkochen. Salzen, pfeffern und den Zitronensaft dazugeben. Nochmals aufkochen. Vom Herd ziehen, Weißwein und Sherry dazugeben. Die Sahne steif schlagen und unter die Suppe ziehen.

3.

Die Knoblauchsuppe in Suppenteller füllen und mit halbierten Weintrauben garniert servieren.

Tipp

Knoblauchliebhaber können natürlich mehr Knoblauch für die Suppe verwenden.

Für 4 Personen

Zubereitungszeit:
15 Minuten
Kochzeit: 15 Minuten

Einkaufsliste

500 g blaue oder weiße Weintrauben ohne Kerne
2–3 Knoblauchzehen
30 g Butter
30 g Mehl
500 ml Fleischbrühe
Salz
Weißer Pfeffer aus der Mühle
2 EL Zitronensaft
250 ml Weißwein
2 cl lieblicher Sherry
125 ml Sahne

Kräuterrahmsuppe mit Käseklößchen

Für 4 Personen
Zubereitungszeit: 40 Minuten
Kochzeit: 40 Minuten

Einkaufsliste

Für die Klößchen

- 100 g alter Pecorino (Schafskäse)
- Salz
- 40 g Butter
- 50 g Grieß
- 1 Ei
- Weißer Pfeffer aus der Mühle
- Muskatnuss
- 500 ml Hühnerbrühe

1.

Den Pecorino reiben. Die Kräuter gründlich waschen, trocknen und fein hacken.

2.

Für die Käseklößchen 125 ml Wasser mit Salz und Butter in einem Topf aufkochen. Den Grieß einrieseln lassen und mit einem Schneebesen unterrühren. Wenn die Masse dicklich wird, den Topf vom Herd ziehen, alles etwas abkühlen lassen und dann das Ei und den geriebenen Käse unterrühren. Herzhaft mit Pfeffer und frisch geriebener Muskatnuss würzen.

3.

Die Hühnerbrühe erhitzen und mit einem Teelöffel kleine Mengen von der Grießmasse abstechen und zu Klößchen formen. Die Klößchen in die Brühe geben und bei mittlerer Hitze etwa 15 Minuten gar ziehen lassen. Die Klößchen mit einer Schaumkelle herausheben und warm halten.

4.

Für die Suppe zuerst eine Mehlschwitze herstellen. Dazu die Butter in einem Topf schmelzen, das Mehl mit einem Schneebesen unterrühren und nach und nach die Sahne und die Klößchenbrühe angießen. Das Ganze kräftig verrühren, einmal aufkochen und etwa 5 Minuten köcheln lassen.

5.

Die Suppe herzhaft mit Salz und Pfeffer würzen, mit Zucker und Sherry abschmecken. Von den gehackten Kräutern 1 EL beiseite stellen, den Rest in die Suppe rühren.
Die Kräuterrahmsuppe in tiefe Teller füllen und mit den Käseklößchen besetzen. Mit den restlichen Kräutern bestreut servieren.

Tipp

Für die Suppe können Sie auch andere Kräuter verwenden, das richtet sich ganz nach Ihrem eigenen Geschmack.

Für die Suppe

500 g gemischte Kräuter (Petersilie, Bärlauch, Kerbel, Brunnenkresse)
30 g Butter
40 g Mehl
500 ml Sahne
Salz
Weißer Pfeffer aus der Mühle
1 Prise Zucker
2 cl trockener Sherry

Makrelen in Wacholderbeize

Für 4 Personen
Zubereitungszeit: 40 Minuten (ohne Wartezeit)

Einkaufsliste
8 frische Makrelenfilets
1 EL Wacholderbeeren
1 EL Fleur de Sel (grobes Meersalz)
1 EL schwarze Pfefferkörner
1 Prise Zucker
1 Zitrone

Tipp
Gebeizte Makrelenfilets halten sich im Kühlschrank, gut in Folie verpackt, für mehrere Tage.

1.

Die Makrelenfilets gründlich entgräten, waschen und trockentupfen.

2.

Wacholderbeeren, Salz, Pfefferkörner und Zucker in einen großen Mörser geben und grob zerstoßen. Vier Makrelenfilets mit der Hautseite nach unten in eine Auflaufform legen. Darauf die Gewürzmischung verteilen und die vier restlichen Filets mit der Hautseite nach oben darauf legen.

3.

Mit einem großen Stück Klarsichtfolie locker belegen. Ein passendes Holzbrett auf die Filets drücken.
Die überstehenden Folienseiten um die Makrelenfilets drücken. So verpackt im Kühlschrank 24 Stunden beizen.

4.

Zum Servieren die Filets schräg mit einem biegsamen, scharfen Messer von der Haut schneiden. Die Zitrone in Scheiben schneiden und den Fisch damit garnieren. Das Gericht mit frischem Baguette zu Tisch bringen.

Melonensalat mit frischer Minze

1.

Die Melonen und die Gurke längs halbieren, die Kerne entfernen und mit einem Kugelausstecher das Fruchtfleisch in schönen Kugeln herausschneiden. In eine Schüssel füllen und abdecken. Die Melonenschalenhälften im Kühlschrank aufbewahren. Die Cocktailtomaten waschen und vierteln.

2.

Melonen- und Gurkenkugeln mit den Tomaten in einer Schüssel vermischen. Aus Öl, Essig, Salz, Pfeffer und Zucker ein Salatdressing zubereiten, dazu gießen und das Ganze gut miteinander vermischen. Den Salat etwa drei Stunden im Kühlschrank ziehen lassen.

3.

Den Salat mit den frischen Kräutern vermischen und in den Melonenhälften servieren.

Für 4 Personen

Zubereitungszeit:
40 Minuten (ohne Wartezeit)

Einkaufsliste

2 kleine Honigmelonen
1/2 Salatgurke
8–10 Cocktailtomaten
4 EL Kürbiskernöl
2–3 EL Zitronensaft
Salz
Weißer Pfeffer aus der Mühle
1 Prise Zucker
2 EL gehackte Petersilie
1 EL Schnittlauchröllchen
1/2 Tasse Minzeblättchen (Pfefferminze)

Nudeln mit Bärlauchpesto

Für 4 Personen

Zubereitungszeit:
15 Minuten
Kochzeit:
etwa 10 Minuten

Einkaufsliste

1 Bund Bärlauch
120 g Parmesankäse
6 EL Olivenöl (extra vergine)
Salz
Schwarzer Pfeffer aus der Mühle
500 g Spaghetti

1.

Bärlauch waschen, trockenschleudern und grob zerteilen. Parmesankäse auf der Käsereibe fein reiben. 1 EL geriebenen Parmesankäse beiseite stellen.

2.

Die Bärlauchblätter mit Parmesankäse und dem Olivenöl in den Mixer geben. Salzen, pfeffern und aufmixen. Wenn die Paste zu fest ist, noch etwas Olivenöl zufügen. Die Spaghetti in reichlich Salzwasser nach Packungsanweisung kochen.

3.

Die Spaghetti durch ein Sieb abgießen und in eine vorgewärmte Schüssel füllen. Das Bärlauchpesto darüber geben und gut vermischen. Auf Teller füllen und mit dem restlichen Parmesankäse bestreut servieren.

Pellkartoffeln mit Kräuterquark

1.

Die Kartoffeln waschen und ungeschält in reichlich Wasser wie gewohnt zu Pellkartoffeln gar kochen.

2.

Während die Kartoffeln kochen, die Kräuter gründlich waschen und trocken schütteln. Die Petersilie fein wiegen und den Schnittlauch in kleine Röllchen schneiden. Knoblauch schälen. Einen Esslöffel Petersilie beiseite stellen.

3.

Den Quark mit der sauren Sahne und dem Schmand vermischen. Herzhaft mit Salz und Pfeffer abschmecken. Die gehackten Kräuter zufügen, den Knoblauch pressen und ebenfalls zum Quark geben.

4.

Die Kartoffeln abgießen, kalt abspülen und von der Schale befreien. Die geschälten Kartoffeln in eine Schüssel geben und mit der restlichen Petersilie bestreuen.
Die Kartoffeln und den Kräuterquark zu Tisch bringen.

Für 4 Personen
Zubereitungszeit:
30 Minuten
Kochzeit:
20 Minuten

Einkaufsliste
1 kg Kartoffeln
1 Bund Schnittlauch
1 Bund Petersilie
1 Knoblauchzehe
250 g Quark
200 g saure Sahne
300 g Schmand
Salz
Schwarzer Pfeffer aus der Mühle

Garnierung
Petersilienblättchen

Petersiliensuppe

Für 4 Personen
Zubereitungszeit:
15 Minuten
Kochzeit:
1 1/2 Stunden

1.

Suppenfleisch und Markknochen waschen. Lauch, Möhre, Sellerie und Zwiebel putzen und in Stücke schneiden.

2.

Einen Liter Wasser in einen Topf füllen. Fleisch, Knochen und das Gemüse mit Nelken, Lorbeerblatt, Pfefferkörnern und 1 Teelöffel Salz in den Topf geben und zugedeckt bei mittlerer Hitze eine gute Stunde garen. Hin und wieder mit der Schaumkelle abschäumen.

3.

Das Fleisch und den Knochen aus dem Topf heben und die Brühe durchsieben. Die Petersilie waschen, trocknen und fein hacken, etwas gehackte Petersilie beiseite stellen. Die Butter in einem Topf erhitzen, gehackte Petersilie und das Mehl zufügen und anschwitzen.

4.

Die Brühe dazu gießen und aufkochen lassen. Das Suppenfleisch in kleine Würfel schneiden und in den Topf geben. Crème fraîche mit dem Eigelb verrühren und damit die nicht mehr kochende Suppe legieren. Mit Pfeffer, Salz und Muskatnuss abschmecken.

5.

Die Suppe in eine Suppenterrine füllen und mit den restlichen Petersilienblättchen bestreut servieren.

Tipp

Etwas gehackter Sauerampfer verleiht der Petersiliensuppe eine besondere Note.

Einkaufsliste

250 g Suppenfleisch
1 Markknochen
1 Stange Lauch
1 Möhre
1/4 Sellerieknolle
1 Zwiebel
3 Nelken
1 Lorbeerblatt
1 TL Pfefferkörner
Salz
2 Bund Petersilie
40 g Butter
3 EL Mehl
100 g Crème fraîche
1 Eigelb
Weißer Pfeffer aus der Mühle
Muskatnuss

Zimtäpfel

Für 4–6 Personen
Zubereitungszeit: 40 Minuten
Backzeit: 1 Stunde

1.

Die Äpfel schälen, das Kerngehäuse entfernen und in Spalten schneiden. Die Zitrone gründlich waschen, die Schale abreiben, den Saft auspressen und beides über die Apfelspalten geben.

2.

Eine Auflaufform mit 10 g Butter einfetten und die Äpfel darin verteilen. Rohrzucker, Mehl und alle Gewürze miteinander vermischen. Die restliche Butter dazugeben und so lange vermischen, bis eine krümelige Masse entsteht.

3.

Die Nüsse unterheben und diese Mischung gleichmäßig auf den Äpfeln verteilen. Mit Alufolie abdecken und in den auf 180 °C vorgeheizten Backofen schieben.

4.

Nach 30 Minuten die Alufolie abnehmen und weitere 30 Minuten backen. Die Äpfel müssen weich und die Kruste knusprig sein.

5.

Die noch warme Apfelspeise auf Portionsteller anrichten und mit Puderzucker bestreut servieren.

Einkaufsliste

1 kg „Cox Orange Äpfel"
1 Zitrone
160 g weiche Butter
100 g Rohrzucker
100 g Mehl
1 Prise Salz
1/4 TL Muskatnuss
1/2 TL gemahlener Kardamom
1/2 TL gemahlener Zimt
50 g gehackte Walnüsse
50 g gehackte Haselnüsse
Butter für die Form
Puderzucker

*Kräuter können uns bei der Körperpflege helfen
und zu unserer Entspannung beitragen.
Viele Kräuter besitzen Inhaltsstoffe, die eine
positive Wirkung auf unseren Körper, den Geist
und unsere Lebensenergie haben.*

Ausgesuchte Kräuter zur Entspannung und für ein schönes Zuhause

Lavendel

Der herrliche Duft von Lavendel wirkt beruhigend und ist auf vielfältige Weise heilsam für den Menschen.
Lavendelöl wirkt über die Atemwege oder die Haut. Es kann zur Entspannung dem Badewasser zugefügt werden. Man kann es auf die Haut aufgetragen und sein herrliches Aroma flutet mit einer Duftlampe jeden Raum. Der Duft von Lavendel ist stimmungsaufhellend. In der Industrie wird Lavendel zur Parfümierung von Seifen und Schaumbädern verarbeitet.

Ein Beruhigungsbad mit Lavendel können Sie ganz einfach selbst herstellen.
Brühen Sie dazu 1 l Wasser und eine gute Hand voll Lavendelblüten auf und lassen Sie das Ganze für etwa 15 Minuten ziehen. Danach absieben und dem Badewasser zugeben. Sie können dann ins Badewasser eintauchen, sich zurücklegen und entspannen.

Aloe

Aloe ist ein wertvolles und vor allem natürliches Pflegeprodukt für die empfindliche Haut. Das transparente, glänzende Gel aus dem Blatt der Aloe mit seinen wertvollen Inhaltsstoffen versorgt trockene und spröde Haut mit Feuchtigkeit. Es wirkt wie ein Durstlöscher auf die Haut mit einem pflegenden, schützenden und regenerierenden Ergebnis.
Dieses Pflegeprodukt können Sie ganz leicht selbst herstellen.
Schneiden Sie mit einem Messer von der frischen Aloe ein Stück

eines Blattes ab und entfernen die ledrige Außenhaut. Das Blatt durch ein kleines Sieb drücken, damit es schön sämig wird. Das so gewonnene Gel mit 1 EL Honig und 1 EL Quark vermischen. Die Pflegemasse gleichmäßig zum Beispiel auf Gesicht, Hals und Dekolleté auftragen. Legen Sie sich zurück und entspannen Sie für 10 Minuten, bei leiser Musik oder Ihrem Lieblingsbuch, und spülen die Maske nach 10 Minuten wieder ab. Sie werden das Ergebnis samtweicher Haut sofort feststellen.
Selbstverständlich sind Fertigpräparate mit Aloe vera im Fachhandel zahlreich erhältlich.

Bohnenkraut

Wer hätte das gedacht? Bohnenkraut-Kompressen säubern die unreine Haut.Die im Bohnenkraut enthaltenen ätherischen Öle reinigen die Haut und sorgen für einen strahlenden Teint.

Wenn Sie unter unreiner Haut leiden, können Sie sich mit einer Bohnenkraut-Kompresse etwas Gutes tun! Und das geht auch noch ganz leicht.
Übergießen Sie hierfür 1 EL Bohnenkraut mit einer Tasse kochendem Wasser und lassen das Kraut 5 Minuten darin ziehen. Bei großflächiger Anwendung auf Gesicht, Hals und Dekolleté müssen Sie die Mengen erhöhen.
Filtern Sie nach dieser Zeit die Flüssigkeit durch ein feines Sieb und tauchen ein Tuch in den Sud, bis es sich richtig vollgesogen hat. Legen Sie sich dieses Tuch möglichst warm (nicht zu heiß) auf das Gesicht und lassen es 10 Minuten wirken. Besonders entspannend

für Körper und Seele ist diese Behandlung zum Beispiel in der Badewanne. Die wohlige Wärme lässt den Alltag vergessen und streift den Stress von unserem Seelenleben ab.
Und noch etwas hat das Bohnenkraut zu bieten. Frisch zerdrückte Blätter sind ein altbewährtes Hausmittel gegen Bienen- und Wespenstiche.

Brennnessel

Die Brennnessel, die wir in unseren Gärten gar nicht lieben, wurde im Mittelalter sogar angebaut. Zu einer seidigen und glänzenden Faser verarbeitet, wurde aus ihr Nesseltuch hergestellt. Bis ins 18. Jahrhundert gab es in Leipzig eine Nessel-Manufaktur.

Viele Menschen leiden unter fettigem Haar oder unter Haarschuppen. Auch allzu schnell fettendes Haar lässt so manchen verzweifeln, denn das Haar soll ja eine Zierde sein.

Versuchen Sie einmal zur Pflege der Kopfhaut bei fettigem Haar und bei Schuppen folgendes Mittel:
5–6 EL Brennnesselwurzel mit kaltem Wasser in einem Gefäß ansetzen und über Nacht ziehen lassen. Danach das Ganze langsam erhitzen und zum Kochen bringen. Kurz aufkochen lassen, von der Herdplatte ziehen und 10 Minuten stehen lassen. Die Flüssigkeit durch ein Sieb gießen und in einem verschlossenen Glas aufbewahren. Nach jeder Haarwäsche – mit einem milden Haarshampoo –, die Flüssigkeit auf die Kopfhaut geben, etwa zwei Minuten einmassieren und wieder abwaschen.

Zur Behebung von Pickeln eignet sich die Brennnessel ebenfalls bestens. Nehmen Sie dazu 1 TL junge Brennnessel- und Löwenzahnblätter. Die Blätter fein hacken und mit etwas Wasser aufkochen. Das Ganze etwa 10 Minuten leicht köcheln lassen bis eine dicke Masse entsteht. Diese Masse etwas abkühlen lassen und auf ein sauberes Mulltuch geben. Diese Kompressen auf das zuvor gereinigte Gesicht, bzw. auf vorhandene Pickel legen und 15 Minuten einziehen lassen. Danach abwaschen und die Haut wie gewohnt pflegen. Die Augen bei dieser Behandlung aussparen.

Löwenzahn

Im Zeitalter des Anti-Aging können wir unzählige Produkte in Parfümerien und Drogerien erhalten. Diese Cremes, Tinkturen, Seren und Tropfen kosten teilweise sehr viel Geld und nicht jeder von uns kann sich ein so teures Produkt leisten. Möglicherweise ist in diesen Präparaten auch ein gewisser Chemieanteil vorhanden, was manchem von uns nicht so gut gefällt (Allergien, Tierversuche, Umwelt etc.).

Löwenzahn ist eine kostengünstige Alternative zu diesen Produkten, denn er verschafft Ihnen eine klare und glatte Haut. Und das geht ganz leicht. Sie benötigen dazu eine große Hand voll frische, geöffnete Löwenzahnblüten und zwei Tassen Wasser.

Lassen Sie die Löwenzahnblüten im Wasser 15 Minuten leicht köcheln. Die Mischung abkühlen lassen, bis sie lauwarm ist. Danach sieben Sie das Ganze ab und tragen die Flüssigkeit auf Gesicht, Hals und Dekolleté auf. Lassen Sie die Flüssigkeit in die Haut einziehen und waschen Sie diese nach einer Einwirkzeit von 10 Minuten mit warmem Wasser wieder ab.

Melisse

Bereits in der Antike wurde die Melisse zu Heilzwecken verwendet und zu Salben, Tinkturen und Tee verarbeitet. Im Mittelalter wurde die Melisse nach Deutschland gebracht und zunächst, auf Befehl von Karl dem Großen, von Mönchen in Klostergärten angebaut. Später fand die Pflanze auch in den Bauerngärten ihren Platz. Die Benediktinerin Hildegard von Bingen rühmte die Pflanze, die „... das Herz glücklich macht. Die Melisse ist warm und ein Mensch, der sie isst, lacht gern, weil ihre Wärme die Milz berührt und daher das Herz erfreut wird".
Nach einem stressigen, aufregenden Arbeitstag ist wohl nichts entspannender, als sich in einem Bad zurückzulehnen. Sich in warmem Wasser auszustrecken, die Augen zu schließen und die Verspannungen zu lösen, ist eine richtige Wohltat.

Dieses Wohlbefinden können Sie mit Melisse noch steigern. Ein Bad mit Melisseblättern hat eine beruhigende und Schlaf fördernde Wirkung, es löst Verspannungen, verschafft eine wohlige Müdigkeit und hat eine wohltuende Wirkung auf die Nerven. Für ein Vollbad nehmen Sie 60 g Melisseblätter und bringen diese mit 1 l Wasser zum Kochen. Diese Mischung von der Herdplatte nehmen und 10 Minuten ziehen lassen. Danach die Flüssigkeit absieben und dem Badewasser (ca. 38 °C) zugeben. Bereiten Sie dieses Bad bewusst vor, indem Sie sich einen guten Schlummertrunk mit in die Wanne nehmen, stellen Sie sich zum Beispiel für eine gemütliche und entspannende Atmosphäre Kerzen im Badezimmer auf oder lassen Sie sich von leiser Musik in einen ruhenden Zustand versetzen. Die Wärme des Wassers sollte mindestens 10–15 Minuten auf Ihren Körper und Ihre Seele wirken.

Salbei

Ein strahlendes Lächeln mit gelben Zähnen empfinden wir als wenig anziehend. Jeder von uns möchte weiße Zähne haben, denn weiße Zähne gelten als gesund und schön. Manche Menschen lassen sich das viel Geld kosten, indem sie sich bei ihrem Zahnarzt ein Zahn-Bleaching (Bleichen der Zähne) machen lassen. Schonender und einfacher kann man mit Salbei weiße Zähne bekommen bzw. erhalten.
Kauen Sie dazu einfach jeden Tag ein Blatt Salbei und Ihre Zähne werden schön weiß.

Oder brühen Sie 2 TL rote Salbeiblätter mit einer Tasse kochendem Wasser auf und lassen Sie dieses dann etwa 5 Minuten ziehen. Anschließend abseihen und den Mund mit dieser Flüssigkeit ausspülen und gurgeln. Die Wirkstoffe des Roten Salbei desinfizieren Mund- und Rachenraum und lassen die Zähne weißer werden.
Natürlich müssen die Zähne auch weiterhin gründlich mit Zahnpasta und Zahnbürste gereinigt werden.

Wie kann ich mit Kräutern dekorieren?

Ob frisch oder getrocknet – mit Kräutern können Sie Ihre Wohnung sehr schön dekorieren. Frische Kräuter sorgen mit ihrem Wohlgeruch für eine aromatische Atmosphäre in der Wohnung und sehen auch noch schön aus. Kräuterblüten kann man sehr schön in Vasen mit anderen Blumen stellen oder auch zu kleinen Gestecken verarbeiten. Lassen Sie Ihrer Phantasie freien Lauf und kreieren Sie Ihre eigene Dekoration mit Kräutern.

Petersilie, Schnittlauch und andere

Frische Petersilien-, Schnittlauch-, und Thymiantöpfe sehen besonders schön in der Küche aus, wenn man sie nicht in den im Lebensmittelhandel üblichen grauen Plastiktöpfen stehen lässt. Setzen Sie diese Kräuter in buntgefärbte Übertöpfe oder pflanzen Sie sie direkt in kleine Tontöpfe. Das sieht schön aus auf der Fensterbank – und auch auf einer gedeckten Tafel.

Lavendel

Seine wohltuende Wirkung entfaltet Lavendel auch im Blüten-Duftpotpourri. Dazu können Sie eine Glasschale mit getrocknetem Lavendel füllen und dieses Potpourri an einen beliebigen Ort stellen. Das ist ein Augenschmaus und der Duft fördert zudem die Konzentration und baut Stress ab.

Lavendel in kleine Leinensäckchen gefüllt und in Schränken und Schubladen platziert halten Kleidermotten fern.

Rosmarin und Thymian

Sehr schön können Sie mit den aromatisch und würzig duftenden Rosmarin und Thymian dekorieren. Sie benötigen dazu einige Rosmarin- und Thymianzweige und etwas Blumendraht. Biegen Sie die Zweig zu einem Kranz zusammen und dekorieren Sie diesen Kranz mit Utensilien Ihrer Wahl, zum Beispiel mit kleinen Blüten, Schleifen, Tannenzapfen und andere Schmuckelemente. Kleine Kränzchen eignen sich hervorragend als Tischdekoration. Größere Kränze können Sie zum Beispiel am Fenster aufhängen.

Melisse, Bohnenkraut und andere Kräuter

Auf einer weiß eingedeckten Tafel sehen frische Kräuter als Tischdekoration besonders schön aus. Einzelne Zweige zu kleinen Bunden zusammengelegt und um die Teller platziert, wirken einladend und lassen eine Vorfreude auf das nahende Essen aufkommen. Es ist doch einmal etwas anderes, mit frischen Kräutern zu dekorieren als immer nur mit Blumen. Und in der Blütezeit erzielt die Dekoration sogar eine noch viel intensivere Farbwirkung, als es mit dem natürlichen Grün der Kräuter möglich ist.

Getrocknete Kräuter

Das Trocknen der Kräuter ist wie schon beschrieben einfach und erledigt sich fast von selbst. Wenn die Kräuter getrocknet sind, lassen sie sich zu kleinen Kräutersträußchen binden. Suchen Sie sich dafür die schönsten Zweige aus und binden Sie diese mit schönem Geschenkband zusammen. Hängen Sie diese Sträußchen je nach Geschmack in gleicher oder unterschiedlicher Höhe am Fensterbrett in Ihrer Küche auf. Das ist sehr dekorativ und Sie können sich von den getrockneten Kräutern für die Zubereitung Ihrer Speisen bedienen. Achten Sie nur darauf, dass die Sträußchen von Staub verschont bleiben.

Bildnachweis

Fotolia.com
Seite: 3 © Team, 12 © Stefan Körber, 13 © silencefoto, 14 © TwilightArtPictures, 15 © Hero, 18 © Elena Schweitzer, 21 © Yurok Aleksandrovich, 101 © silencefoto, 113 © Heike Rau, 115 © Carmen Steiner, 118 © Dmitry Ersler

Allen anderen Abbildungen agilarchiv & Dover-Bildarchiv

Quellennachweis

Heilkräuter.de
Peter's kleines Gesundheits- Tee- und Kräuterlexikon, Straßburg, 1938
Stahl & Anton, Stahl's großes illustriertes Kräuterbuch, Straßburg, 1938
Wikipedia.org
Zimmerer, E. M., Kräutersegen, Auer 1896

Ebenfalls im Programm des Regionalia Verlages

ISBN 978-3-939722-45-8

Über 60 Getränke werden in diesem Buch Schritt für Schritt zur eigenen, einfachen Herstellung beschrieben. Die Vielzahl der Rezepte deckt sinnvoll die einzelnen Wohlfühl-Bereiche ab, seien es Kreislauf, Nerven, guter Schlaf oder Linderung und Vorbeugung bei Erkältungs-, Magen- oder anderen Beschwerden.
Die Rezepte nutzen traditionelles Wissen, etwa der Hildegard von Bingen, das bis heute bewahrt werden konnte. Mit Hinweisen zum Sammeln einheimischer Kräuter und kleinem Heilkräuterlexikon.

128 Seiten
Format: 16,5 x 19,8 cm
Gebunden
€ 4,95

ISBN 978-3-939722-30-4

Das klösterliche Leben war und ist geprägt von Meditation und Stille. Durch die gemeinsame Arbeit und jahrzehntelange Kontinuität entwickelte sich in vielen Klöstern eine eigene Kochkultur, die einen großen Fundus wunderbarer, oft einfacher Rezepte zeitigt. Über 70 Rezepte sind in diesem Kochbuch aufgeführt, vieles aus der Kräuterküche, beste Teigwaren, wohlschmeckende Fleischgerichte. Eine exklusive Zusammenstellung – jedes Gericht leicht zuzubereiten und äußerst lecker!

128 Seiten
Format: 16,5 x 19,8 cm
Gebunden
€ 4,95